墨香会计学术文库

华东交通大学教材（专著）基金资助项目



# 基于系统动力学的供应链绩效动态评价模型研究

Dynamic Model of Supply Chain Performance Evaluation Based on System Dynamics

陈鹰 著

东北财经大学出版社
Dongbei University of Finance & Economics Press
大连

**图书在版编目（CIP）数据**

基于系统动力学的供应链绩效动态评价模型研究 / 陈鹰著. —大连：东北财经大学出版社，2015.11

(墨香会计学术文库)

ISBN 978 - 7 - 5654 - 2140 - 2

Ⅰ. 基… Ⅱ. 陈… Ⅲ. 供应链管理-经济绩效-评价-研究 Ⅳ. F252

中国版本图书馆CIP数据核字(2015)第259339号

东北财经大学出版社出版

(大连市黑石礁尖山街217号 邮政编码 116025)

教学支持：（0411）84710309

营 销 部：（0411）84710711

总 编 室：（0411）84710523

网 址：http：//www.dufep.cn

读者信箱：dufep@dufe.edu.cn

大连图腾彩色印刷有限公司印刷 东北财经大学出版社发行

幅面尺寸：170mm×240mm 字数：179千字 印张：9 3/4 插页：1

2015年11月第1版 2015年11月第1次印刷

责任编辑：王 莹 田玉海 吴 茜 责任校对：刘 洋

封面设计：张智波 版式设计：钟福建

定价：30.00元

# 前　言

全球经济一体化进程使得企业面临着高度动态和竞争性的环境，顾客要求企业提供交货时间短、成本低、质量高以及多元化的产品。为了满足顾客的需求及保持自己的竞争力，企业必须调整管理模式、压缩研发周期、降低生产成本、提高产品质量等，因此需加强与其有密切关联关系的其他企业之间的联盟。所以，企业的竞争已经不再局限于与其他企业个体的竞争，更是企业所在的供应链之间的竞争。不断提高供应链上节点企业之间的协作和凝聚力，以及通过供应链来管理链上的所有企业，以便实现统一的经营目标，不仅是供应链上每个企业的战略目标，也是企业在这个全球竞争的环境中竞争和生存的至关重要的先决条件。激烈的竞争迫使企业不得不和他们的上游和下游的合作伙伴建立亲密的关系。例如，沃尔玛和供应商合作实施的协同计划、预测和补货（CPFR）能够帮助企业提高库存水平、减短交货期、改善现有库存、创造更多的目标一致的订单和平稳的生产周期。

供应链合作的动机是提高供应链的整体绩效，通过供应链内部和外部绩效评价指标的使用可以使供应链成员企业评估绩效改进的过程。因此，需要有一个综合的绩效系统让供应链成员企业基于供应链对实际业绩状况进行控制和反馈。Dopal et al.（2011）以“供应链绩效”、“供应链绩效评价”等关键词搜索了2000年至2011年供应链绩效评价方面的论文，总共搜索出了323篇论文。研究发现，从2008年开始这类文章有了显著增加，究其原因很可能是因为2008年爆发的金融危机的影响。这一时期的出口和供应链断裂的急剧变化使研究人员更专注于供应链绩效问题。

对于供应链管理来说，绩效评价系统是重要的，能对整个供应链的绩效进行量化评价。这有助于企业了解其供应链的优势、劣势、当前绩效，以及战略意图与当前状况之间存在差距的大小和性质。这也使得企业能做出明智的决策，并获得洞察力，从而采取适当的行动提高整体绩效和效率，以保持竞争优势。

目前，在供应链绩效评价方面已经有很多有益的探索和研究，无论是在评价指标、评价模型，还是在评价标准、评价方法等方面，都取得了进展。供应链绩效评价方面第一套通用的评价指标体系是Pittiglio、Rabin、Todd和McGrath提出的PRTM框架。对于绩效评价和绩效管理的兴趣，在过去的20多年里有了很显著的提升。经济全球化、技术进步、环境责任和可持续发展需要的影响，迫使企业和个体在生活、工作、娱乐方式上做出调整和改变。因此，开发一套有效的供应链绩效评价体系是非常重要的。

在文献中，Kaplan 和 Norton（1992）创立的平衡计分卡（Balanced Scorecard，BSC）是在供应链绩效评价领域被引用最多的文献，约有80%的文献引用了这一方法。这表明业务流程评价平衡的重要性。研究人员已经承认综合指标的重要性，因为这些指标可以帮助管理人员评估供应链的整体竞争能力，以及哪些内部改善努力对供应链整体竞争力产生最大的影响。因此，平衡计分卡的应用得到扩展，与供应链运作参考模型（SCOR）等结合，从而更好地衡量供应链的绩效。例如，Bullinger et al.（2002）探讨将平衡计分卡和SCOR结合起来，建立自上而下和自下而上的综合绩效评价方法。Thakkar et al.（2009）提出了一个中小企业供应链绩效的SCOR-BSC评价框架。此后，供应链绩效评价的视角又从BSC和SCOR发展到价值和成本会计。Yao 和 Liu（2006）从成本会计的角度，提出了将经济增加值（Economic Value Added，EVA）、平衡计分卡（BSC）和作业成本法（Activity-Based Costing，ABC）结合起来的综合绩效评价框架。除了这些研究角度，Otto 和 Kotzab（2003）认为还可以从以下几个角度来研究供应链绩效评价：运筹学、物流、营销、组织和战略领域。不同的角度设置有不同的目标，会导致采用不同的评价指标。

但是，现有的这些绩效评价模型中，绩效评价指标之间因果关系不清晰或被简单地判断为线性因果关系，使得导致供应链绩效变动的关键因素和驱动因素无法很好地判断和辨析，影响了供应链绩效的改进。此外，这些评价模型对绩效评价大多是一次性的评价，缺乏动态评价，不能完全适应供应链的动态特点。供应链绩效延迟问题也无法在现有的评价模型中得到很好的解决。这些都是现有的供应链绩效评价模型存在的局限性，因此，需要设计出新的评价模型，以便更好地解决上述问题，真正促进供应链绩效的提升。系统动力学目前的主要研究领域就是社会系统，这种方法能很好地解决社会系统的复杂性、延迟性、因果关系的非线性等问题，所以也适用于供应链和供应链绩效评价的研究。

系统动力学出现于1958年，创始人为美国麻省理工学院（MIT）的福瑞斯特（J.W.Forrester）教授。系统动力学是福瑞斯特教授于1958年为分析生产管理及库存管理等企业问题而提出的系统仿真方法，最初叫工业动态学，是一门分析研究信息反馈系统的学科，也是一门认识系统问题和解决系统问题的交叉综合学科。经过50多年的发展，系统动力学已经在复杂社会经济系统中得到了广泛的应用。例如，著名的罗马俱乐部通过建立系统动力学世界模型，研究世界发展问题，提出世界经济发展将会受到资源与环境制约，使环境与资源问题得到了普遍重视。此外，系统动力学的应用范例还有美国的国家模型、城市模型等。系统动力学另一个重要的应用领域是企业管理，各种各样的企业模型自1956年起陆续出现。近10多年来正在兴起的学习型组织，就是基于系统动力学方法的研究成果。

系统动力学是一种复杂系统建模仿真方法。这种方法很适合解决社会系统出现的数据不全、信息较模糊的问题，因为系统动力学主要是采用系统思考模式，有完整的建模工具和方法，能进行动态仿真，非常适合在供应链管理领域以及供应链绩效评价方面采用。系统动力学具有规范与标准的计算机模拟软件，可用来支持建模与模拟仿真。

因此，本书作者运用系统动力学的建模原理和方法，结合平衡计分卡，构建了供应链绩效动态评价模型，并选取案例企业进行了计算机仿真。首先，本书主要构建供应链核心制造企业的内外部绩效评价指标和供应链整体绩效评价指标。指标的构建主要采用平衡计分卡与系统动力学相结合的方法，利用平衡计分卡的四个维度建立的基本因果关系，结合系统动力学建模的需要，初步确定了核心制造企业的内部绩效、外部绩效和供应链整体绩效的评价指标。其次，在构建的基本指标体系的基础上，对这些指标之间的因果反馈关系进行详细分析，并适当增加一部分辅助变量。这些因果关系的建立是非常谨慎的，都是基于基本理论和常识以及相关文献构建的，反映了指标之间的因果关系和相互影响路径，主要构建了供应链核心制造企业内部绩效评价因果关系图、核心制造企业外部绩效评价因果关系图，以及供应链整体绩效评价因果关系图。再次，通过指标的因果关系，将内外部绩效评价与整体绩效评价因果关系图结合起来，形成完整的供应链绩效评价因果关系图；在构建的因果关系图的基础上，进一步确定指标之间的数量关系，建立系统流图，使供应链的绩效评价成为一个系统的有反馈机制的体系；在模型构建完成后，为进一步验证模型的适用性和有效性，本书选择了一家有色金属类加工企业进行研究，对企业进行访谈、调研之后获得基本数据，通过设置初始值等，用Vensim软件进行了仿真，然后对仿真结果进行分析。在验证模型有效性的同时，对系统主反馈环及演化特性、系统基模进行了分析，找出影响企业供应链绩效的关键指标，以及关键指标的主要驱动因素，便于企业有的放矢地开展绩效管理。最后，对案例企业的绩效评价结果进行总结，找出案例企业在供应链管理中存在的主要问题，以及影响企业绩效的关键因素，并在此基础上，根据绩效评价模型仿真结果为供应链管理者提供相关建议。

本书同时也是江西省高校重点人文建设基地招标课题（JD1027）和江西省社科规划课题（09YJ225）的研究成果。本书的出版得到了华东交通大学专著出版基金和科研启动经费的资助。

由于作者水平有限，再加上供应链管理和绩效评价仍处于不断发展和创新过程中，因此，对它们的认识和研究还不够深入，本书的论述难免出现谬误，书中不妥之处望读者给予批评指正。

作　者

2015年9月

# 目 录

# 1 绪 论

本章主要介绍本书的研究背景、研究目的，对相关的文献进行梳理和总结，分析国内外学者在绩效评价、供应链绩效评价等问题上的研究现状，界定出需要研究的主要问题，并对研究内容、研究思路、研究方法等进行阐述，最后分析本书的创新和不足之处。

## 1.1 研究背景

全球经济一体化使得企业面临着高度动态和竞争性的环境，顾客要求企业提供交货时间短、成本低、质量高以及多元化的产品。为了满足顾客的需求及保持自己的竞争力，企业必须调整管理模式、压缩研发周期、降低生产成本、提高产品质量等。这些调整和改变依靠单个企业的力量是无法有效完成的，因此需加强与其有密切关联关系的其他企业之间的联盟。所以，企业的竞争已经不再局限于企业个体之间的竞争，更是企业所在的供应链之间的竞争。单个企业的努力已经不能完全适应环境的变化，需要与供应链上的其他企业加强协作，通过供应链来管理链上的所有企业，以便实现统一的经营目标，不仅是供应链上每个企业的战略目标，也是企业在全球竞争的环境中竞争和生存的至关重要的先决条件。

当前，在动态的全球竞争环境下开展供应链管埋是一个关键的战略举措。供应链上的各节点企业都参与到供应链的管理中，并为企业之间的沟通和协调提供各种资源的支持，因此供应链管理创造了竞争价值。同时，不再通过衡量单一企业的经营业绩，而是通过衡量协同供应链网络竞争优势来评价是否可持续发展（Spekman et al., 1994）。因为顾客是供应链绩效的最终衡量要素，所以有效和及时地响应不断变化的顾客的口味和喜好已成为企业成功的关键。相应地，企业需要通过供应链管理变得更加以客户为导向。

供应链上国际生产分割（International Product Fragmentation）越来越普遍和重要，企业越来越多地采用这种方式来满足客户的需求和实现经营目标。然而，企业管理地理上分散的供应链网络是有困难的，建立无缝、及时和有成本效益的供应链网络的沟通渠道和服务环节也是有困难的。因此，更需要加强供应链管理。

近年来，企业正在寻找使供应链更具竞争力的方式，而不是以牺牲供应链合作伙伴利益达到削减成本、提高利润的目的。绩效评价作为监控阶段的重要工具，成为发现供应链潜在问题的关键。Beamon（1999）认为，适当的绩效评价工具可以是非常重要的，因为它能改善供应链管理。此外，其他学者也指出，供应链绩效评价在监控绩效、增强激励、改善沟通和诊断问题等方面发挥着重要的作用（Beamon，1996；Brewer 和 Speh，2000；Holmberg，2000；Lauet al.，2001；Morash，2001；Bullingeret al.，2002；Tan et al.，2002；Otto 和 Kotzab，2003；Gunasekaran et al.，2004）。供应链绩效评价是必不可少的，因此它能推动供应链的优化，帮助企业实现其经营目标。

对供应链管理来说，绩效评价系统是重要的，能对整个供应链的绩效进行量化评价。这有助于企业了解其供应链的优势、弱势、当前绩效，以及战略意图与当前状况之间存在差距的大小和性质。这也使得企业能做出明智的决策，并获得洞察力，使他们能采取适当的行动提高整体绩效和效率，从而保持竞争优势。一个可靠的绩效评价系统有助于评估供应链在获得改进方面的功效。但是，由于供应链的不确定性等问题，很多数据和指标不能精确地量化，这样就使很多绩效评价模型在使用过程中效果不理想。同时，供应链是一个动态的系统，因此供应链绩效评价也应该是动态的，这样才能使其与供应链运作流程相匹配。

系统动力学是一种复杂系统建模仿真方法。这种方法很适合解决社会系统出现的这种数据不全、信息较模糊的问题，因为系统动力学主要是采用系统思考模式，有完整的建模工具和方法，能进行动态仿真，非常适合在供应链管理领域，以及供应链绩效评价方面采用。

鉴于供应链环境下绩效评价的复杂性和动态性及系统动力学擅长处理动态复杂问题的优势，可以从系统动力学角度研究供应链绩效评价模型的构建，建立供应链绩效动态评价的系统动力学模型，并通过对模型的仿真可以从宏观的、定性的角度观察供应链系统运行的效率，分析比较模型中各供应链成员的绩效及不足，从而进行改进；通过对仿真结果的定量分析、对比，可以使研究更加深入，可以从供应链参数的具体量化上来优化整个供应链。

综上所述，供应链管理和供应链绩效评价已经成为热门的研究领域，而系统动力学为他们提供了有力的工具和手段。

## 1.2 研究意义

近年来，企业正在寻找使供应链更具竞争力的方式，而不是以牺牲供应链合作伙伴利益达到削减成本、提高利润的目的。绩效评价作为监控阶段的重要工具，成为发现供应链潜在问题的关键。Beamon（1999）认为，适当的绩效评价工具是非常重要的，因为它能改善供应链管理。此外，其他学者也指出，供应链绩效评价在监控绩效、增强激励、改善沟通和诊断问题等方面发挥着重要的作用（Beamon，1996；Brewer 和 Speh，2000；Holmberg，2000；Lau et al.，2001；Morash，2001；Bullinger et al.，2002；Tan et al.，2002；Otto 和 Kotzab，2003；Gunasekaran et al.，2004）。在供应链管理中，供应链绩效评价是必不可少的，因为它能推动供应链的优化，帮助企业实现其经营目标。

对供应链管理来说，绩效评价系统是重要的，能对整个供应链的绩效进行量化评价。这有助于企业了解其供应链的优势、弱势、当前绩效，以及战略意图与当前状况之间存在差距的大小和性质。这也使得企业能做出明智的决策，并获得洞察力，使他们能采取适当的行动提高整体绩效和效率，从而保持竞争优势。一个可靠的绩效评价系统有助于评估供应链在获得改进方面的功效。目前，在供应链绩效评价方面已经有很多有益的探索和研究，无论是在评价指标、评价模型，还是在评价标准、评价方法等方面，都取得了进展。但是，由于供应链的环境存在极大的不确定性，供应链管理和运作过程中也有很多模糊的信息，且难以进行准确的量化，这使得现有的绩效评价模型的使用效果不是非常理想，无法完全地将绩效评价的作用发挥出来。此外，针对供应链绩效开展的评价活动大多数都是静态的，主要是因为设置的指标体系是静止和单一的，无法连续全面和动态地反映节点企业和供应链整体在运作过程中的问题，这样的绩效评价无法促进企业从战略的角度和高度加强与供应链的整合与管理。因此，设计出可以进行动态评价的供应链绩效评价指标体系，不仅可以有效地评价供应链绩效，而且还可以为其绩效的提升不断提供建议和指导。

系统动力学可以处理数据不充分和难以量化的情况。系统动力学模型构建了复杂的因果反馈结构，只有非常关键的因素才能在这样的复杂反馈过程中表现出对系统的行为较为敏感的特性，而对于大多数非关键的参数来说，系统的多重复杂反馈使得系统的行为与非关键参数之间并不非常敏感，只要这些参数估值在一定合理的范围之内，整个系统就可以表现出比较相同或相似的行为模式，所以这种方法对数据的要求并不像其他的数理分析方法那样要求精确和数据完整。供应链绩效评价由于涉及企业较多，不确定性也存在，在绩效评价方面就存在数据不全或难以量化的难题，系统动力学方法正好可以解决这个难题，并能为供应链的绩效提供动态的、连续的评价，正好适应了供应链管理的要求。因此系统动力学是比较适合供应链绩效评价的一种方法。

在目前已有的相关文献中，用系统动力学研究供应链管理的文献较多，但是在供应链的绩效评价领域，系统动力学的应用相对较少，并且大多数研究未对供应链绩效评价的系统动力学模型的建模过程和系统特性进行深入的分析，所以本书基于系统动力学的原理构建供应链绩效评价模型的研究意义如下：

①将系统动力学拓展到供应链绩效评价领域，深化了供应链管理理论。虽然在此之前也有一些学者的研究将系统动力学建模理论运用到供应链绩效评价中，但是本书的研究不仅仅是构建了一个供应链绩效评价的系统动力学模型，而且更深入地从系统思维的角度，通过基模分析等方法，分析了所构建模型的系统特性和演化规律，这种系统思考模式为供应链管理理论的发展提供了借鉴和工具。同时，在构建的绩效评价系统动力学模型中，利用系统动力学的方法和原理，对影响供应链绩效的因素之间的复杂因果反馈关系进行了详细的分析，论证了关键绩效指标及绩效驱动因素，并有案例仿真，对企业实际运用此模型也提供了很好的技术指导。

②推动了供应链绩效评价与供应链管理的动态融合。大多数的供应链绩效评价都是一种静态评价，只是对供应链运作的结果进行分析，但是无法对供应链运作过程进行动态的监控，那么也就无法对供应链绩效的变化进行实时的跟踪和反馈，评价具有一定的滞后性。然而，供应链是一个复杂的动态系统，供应链上各种物流、信息流和资金流都是流动和动态的，无法用传统的绩效评价方法随时地观测变化，因此造成供应链绩效评价无法更有效地发挥评价和激励作用，对供应链管理领域作用有限。供应链绩效评价的系统动力学模型不仅能更好地理解绩效评价指标之间的因果关系，而且能简单、有效地评价供应链随时间推移的绩效演化趋势。因此，将系统动力学方法引入供应链绩效评价之后，利用系统动力学模型的动态评价，可以充分发挥绩效评价在供应链管理中的作用。

总之，本书是对现有供应链绩效评价的深入性的应用型研究，不仅为供应链管理和供应链绩效评价的发展提供了动态融合，而且由于模型的建构过程论述详细，为此类模型的具体构建和应用提供了技术指导和思路，将进一步推动供应链绩效评价的系统动力学模型的实践。

## 1.3 国内外研究综述

### 1.3.1 绩效评价国内外研究综述

绩效评价是将企业活动的效率和效果量化的过程（Neely，1995）。在过去的30多年左右的时间里，学者和业界都越来越重视对绩效评价的研究和应用，20世纪90年代中后期这类研究达到了一个顶峰。相关的研究议题也很广泛，从传统的财务指标研究到新的评价方法的验证（Neely，2005），Neely估计在1994至1996年间有3 615篇关于绩效评价的论文发表，在美国就是每两周一篇的速度。不同研究领域的大量研究人员在绩效评价方面得出的大量的研究成果已经在战略管理的领域得到运用。在这些丰硕的研究成果之后，我们也看到企业界和学术界面临一个困境：绩效评价具有多学科交叉的特性，它是多元的，也就是说每个作者都倾向于关注绩效评价系统设计的不同方面，这使得各学科和领域的研究相对孤立或者互相产生矛盾，这种特性已经阻碍了绩效评价领域的研究进展。在大量阅读绩效评价的相关文献之后，我们认为绩效评价经历了绩效评价建议（Performance Measurement Recommendations）、单一指标绩效评价、绩效评价框架（Performance Measurement Frameworks）、绩效评价系统（Performance Measurement Systems）和扩展型企业绩效评价创新发展阶段。具体演进进程见图1-1。

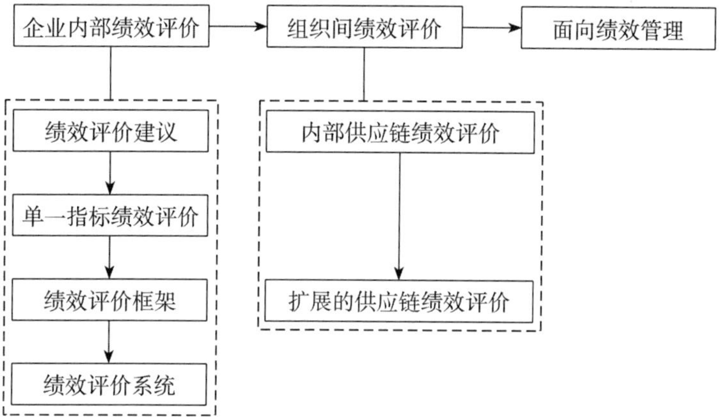


**图1-1 绩效评价的演进进程**

（1）绩效评价建议发展阶段

绩效评价建议发展阶段主要是对绩效评价指标的选取和企业绩效评价系统的构建单纯地提供建议。绩效评价框架或系统的初始构成就是绩效评价建议。绩效评价从提供建议开始发展，关于绩效评价的建议可以分为两个核心的区域：对绩效评价的建议和对绩效评价框架和系统设计的建议。对绩效评价的建议主要是对绩效评价指标的选择提供相关建议。由于绩效评价的选择从某种程度上来说是一个主观的过程，这样的选择过程可能会使选择的指标不够客观并因此影响评价的结果和效果。因此，有很多学者开始研究评价指标应如何选取，并给出自己的建议。许多最流行的关于绩效的衡量的建议可以追溯到20世纪80年代末和90年代初，那时绩效评价作为一个概念形成了。

对企业的绩效评价提供建议主要是对绩效评价应达到的要求提供相关建议。Neely等已经对这些建议进行了回顾和总结，我们在此不再赘述，此外，这方面的研究还有很多。例如，Stalk和Hout（1990）提出绩效评价应遵循两个原则：①绩效评价应该尽量量化；②绩效评价应该尽可能地与客户的要求贴近。Band（1990）提出绩效评价应该：①有高层管理人员支持；②在评价指标中要考虑顾客满意度的衡量；③要确保评价的指标与管理人员和员工执行的日常工作密切相关；④要形成绩效评价的反馈及循环机制。Maskell（1992）建议新的一流水平的绩效评价应该：①除了财务绩效评价方法，还要更多地运用非财务绩效评价方法；②绩效评价的定位要多样化；③绩效评价随着公司的需要和战略的调整而调整；④绩效评价的目的是促进企业管理的改进，而不只是监测。Beamon（1996）提出有效的绩效评价系统应该具备以下几个特征：①全面性（包含所有相关方面的评价）；②普遍性（允许在不同操作条件下的比较）；③可计量性（数据是可计量的）；④一致性（绩效评价应与组织目标保持一致）。这些建议为绩效评价的发展提供了一些方向性的意见，但是都停留在比较原则性的层面上。

关于绩效评价框架和系统设计方面的建议主要是关于应如何设计和发展绩效评价框架和系统。Kaplan 和 Norton（1993）建议通过实施一系列的专题研讨和访谈来满足这一目的，而 Neely et al.（2005）认为可以利用调查表、头脑风暴等方法来克服系统设计过程中的主观性。但是在现有的研究中，能够被绩效评价系统和框架有效利用的实际有效的建议是很少的。

（2）单一指标绩效评价发展阶段

在绩效评价框架或系统建立起来之前，是运用单一指标进行绩效评价阶段。单一指标指的是单个指标或者只有一类指标。单一指标很难完全满足企业绩效评价的基本需要，因为其只能评价企业某一方面的绩效。从绩效评价指标选取的演进历程中可以清晰地看到，绩效评价指标经历了从最早的单一财务指标，发展到财务指标与非财务指标相结合的综合绩效评价指标的过程。在20世纪50至60年代，由于客户需求大于供给，企业的主要任务是以最低的成本生产出尽可能多的产品，以实现利润最大化为战略目标。在这种情况下，以财务指标作为绩效评价的唯一指标是无可厚非的。但是进入20世纪70年代以后，随着卖方市场向买方市场的转变以及市场竞争的加剧，企业管理的重心也逐步由成本管理向客户关系管理发展，单纯以财务指标作为绩效评价指标的弱点暴露无遗，各种批评之声也纷至沓来。在20世纪80年代后期和90年代，由于战略管理的发展和需要，人们开始重视绩效评价与企业战略管理的关系，并将其运用到战略管理领域，战略绩效评价指标的研究逐渐升温，张蕊（2002）等开始研究战略经营业绩评价指标体系，并推动绩效评价进入到绩效评价框架的研究发展阶段。

（3）绩效评价框架发展阶段

20世纪80年代后期，绩效评价框架研究的影响越来越大。一个绩效评价框架通过阐明绩效评价边界、详细说明绩效评价各维度等在绩效评价系统中的位置，能为绩效评价各组成部分之间的关系提供直观的感知。从文献中可以看出，各位学者主要是设想了两种绩效评价框架类型：结构型评价框架和程序型评价框架。从本质上来说，绩效评价框架能比绩效评价建议提供更多的信息，但是和绩效评价系统比较，其在绩效评价过程的信息方面提供得相对更少。

结构型评价框架主要是能确定绩效评价的各个组成部分及这些部分之间的逻辑关系。Sink 和 Tuttle（1989）首先提出绩效评价框架的想法。Lockamy III（1991）在调研了一小部分世界一流制造业企业的经营性和战略性的绩效评价之间的联系的基础上，提出了四个维度（成本、质量、生产周期和交付）的理论性的绩效评价模型。Neely et al.（2002）提出一个结构型绩效三棱镜，这个模型包含五个方面：利益相关者满意、战略、流程、能力和利益相关者的贡献。

程序型框架是指如何从何种战略出发确定绩效评价的基本程序。Hudson et al.（2004）检验了与中小企业绩效评价有关的问题，并提出了一个程序型绩效评价框架专门适应中小企业的需要。Kaydos（1991）及 Wisner 和 Fawcett（1991）都提出程序性的分段框架模型。但是我们从文献中可以看到，绩效评价框架的发展主要着重在结构型评价框架的发展上，这可能与绩效评价在程序发展上存在主观困难有一定关系。

在绩效评价框架的研究中，结构型绩效评价框架是研究的重点领域，这可能与绩效评价在程序发展上的主观困难和含糊不清有关。尽管绩效评价框架在评价范围上已经越来越复杂（如 Rouse 和 Putterill（2003）开发了整合性绩效评价框架，试图将大量的框架进行整合），但程序型绩效评价框架缺少结构元素，而结构型绩效评价框架缺少程序元素。结构型和程序型绩效评价框架通常都是孤立的，因此后来的学者开始探讨把结构型框架和程序型框架结合起来形成更完整的、更具有可操作性的绩效评价系统，企业绩效评价进入到下一个发展阶段。

（4）绩效评价系统发展阶段

一个成功的绩效评价系统既要有程序型的框架，也需要有结构型的框架。在这一发展阶段，比较有代表性的是平衡计分卡等绩效评价系统。

1992 年 Kaplan 和 Norton 在《哈佛商业评论》发表了第一篇关于平衡计分卡的文章，到 2000 年《战略中心型组织》出版，以及 2004 年《战略地图》出版，平衡计分卡的应用和研究已经取得了重大的突破。平衡计分卡以企业战略为导向，从财务、顾客、内部业务流程和学习与成长四个角度研究绩效评价指标的因果关系，全面管理和评价企业综合业绩，是企业愿景和战略的综合体现。与此同时，Kaplan 和 Norton 还提供了一个附加的程序型框架，这个框架有四个步骤：①愿景的转换；②沟通与联系；③业务规划；④反馈与学习。此过程是通过一系列的访谈和研讨会来开展的，通过这一程序，确定绩效评价的指标和绩效评价流程。因此，平衡计分卡是典型的程序型框架和结构型框架相结合形成的企业绩效评价系统。此后，Butler et al.（1997）和 Cravens et al.（2000）等对平衡计分卡绩效评价系统进行了更进一步的研究。

Keegan et al.（1989）提出了一个类似的，但是没有平衡计分卡有名的绩效评价框架——绩效评价矩阵（the Performance Measurement Matrix），这个系统寻求将业绩的不同维度进行整合，它采用了"内部"、"外部"、"成本"、"非成本"这样的术语来增强其灵活性。

Medori 和 Steeple（2000）也提出一个结构型框架和程序型框架相结合的绩效评价系统。在他们的系统中，对六个竞争优势领域（质量、成本、灵活性、时间、交付和未来成长性）进行计量，并引入一个特别设计的程序性框架，绩效评价遵循以下六个步骤：①确定公司的战略和战略要求（包括客户要求）；②确定与战略要求相匹配的竞争重点；③从预先确定的评价指标表中选择评价指标；④审计；⑤评价指标的运用；⑥定期审查。这一绩效评价系统不仅包含了结构性和程序性因素，并在其执行程序中明确提出了业绩审查的步骤。业绩审查是保证绩效评价系统发挥最大效力的有力保障。Meekings et al.（2009）强调为了能够从绩效评价中获得实际价值，企业需要构建一个具有一定结构的业绩审查过程，从而将业绩信息与企业的决策和行动结合起来。因此，整个绩效评价系统的效能是与业绩审查过程机制紧密相连的。

但是，绩效评价的研究发展到了这一阶段，仍是着重企业内部的绩效评价，随着全球经济一体化的发展，任何企业都不能孤立地存在，都必须适应环境并重视除企业自身以外的其他利益相关者的利益诉求，因此企业绩效评价的边界开始拓展到企业外部，并对企业的战略产生更大的影响。

（5）组织间绩效评价发展阶段

企业的绩效评价将与所处的环境有更密切的互动和联系。环境有两个基本的方面：一个是内部环境，也就是组织；另一个就是外部环境。外部环境已经被确认为绩效评价的下一个边界：在未来的时间里，组织间的绩效评价（Inter-organisational Performance Measurement）会有一个迅速的发展——如供应链绩效评价。

①内部供应链绩效评价研究

市场环境的变化导致企业面临的竞争加剧，如何获得更持久的竞争优势是非常重要的。在20世纪90年代之后，很多国际大公司通过管理创新来提高自己的竞争力，采取了如业务流程重组、供应链整合等思想和做法对企业的组织管理进行变革。供应链整合的思想和做法迅速得到推广。但是，企业在供应链的整合上，首先是进行内部供应链的整合，也就是企业内部经营业务的各个单元连接在一起，实现企业内部资源职能、信息等的整合，从而提高企业的竞争优势和客户满意度等，因此，供应链的绩效评价首先是对内部供应链的绩效进行评价。Brewer 和 Speh（2000）认为内部供应链业绩评价系统大多数将重点放在传统的物流业绩评价上（例如，衡量订单完成率、错误率、库存成本、交货时间等）。由于几乎是完全地关注物流控制系统，内部供应链绩效评价系统不能回答大量的范围更广泛、更全面的问题。例如，整个供应链在回应客户对包装、订单、产品的要求时是否具有一定的灵活性？这样，外部供应链整合绩效评价就随之发展起来。

②扩展的供应链绩效评价研究

随着企业内部供应链绩效评价的开展，人们越来越认识到只是在自己组织内部来理解投入、流程和产出的衡量是不够的。由于全球一体化经济的发展，企业已经不能完全依靠自己来发展，而应该与其上下游企业结成强大的供应链战略联盟来应对竞争，从仅关注内部物流控制系统等的绩效，到整个供应链的综合绩效，人们越来越关注整个供应链在回应客户对包装、订单、产品的要求时是否具有一定的灵活性。由此供应链绩效评价得到更迅猛的发展。但是，在供应链绩效评价的指标方面，并没有统一的指标，主要有代表性的研究举例如下：

Lummus R.R（1998）等人主要从供应、过程管理、交货、需求管理四个方面设置供应链绩效的考核指标。供应方面主要选取了供应可靠性、提前期等指标，过程管理方面设置了计划完成情况、流程可靠性等指标；交货方面，则主要考虑交货时间和及时性等问题，设置了完好订单完成率、运输天数等指标；针对需求管理，设置有供应链总库存成本、总周转时间。

Beamon（1999）从定性和定量两个角度来设置供应链的绩效评价指标。定性指标包括顾客满意度、柔性、信息流和物流整合度、有效风险管理和供应商绩效。定量指标又分为两类：一类是基于成本的指标，包括成本最小化、销售最大化、利润最大化、库存投资最小化和投资回报最大化；另一类是基于顾客响应的指标，包括满足率最大化、产品交货延迟最小化、顾客响应时间最短、订货至交货时间最短和功能重复最小化。

Brewer 和 Speh（2000）是第一个提出将企业内部供应链绩效评价框架扩展为供应链整体绩效评价框架的。他们发展了一个供应链管理的四方面模型，他们将这四个方面与平衡计分卡的四个方面进行结合。该框架超越了传统的供应链业绩评价框架，将平衡计分卡的内部视角扩展为跨功能和伙伴关系的视角，由此而采用的评价指标很多都是新的或不熟悉的。关于扩展性企业业绩评价框架，有学者提出AMBIT方法，AMBIT方法建议绩效管理举措应该与参与公司的ERP系统联系起来，这将使业绩评价系统发展为直接的数据挖掘作用，从而大大方便了评价过程。AMBIT方法是一个基于已经发展好的应用功能（如ERP）基础上的业绩评价框架。

Chan和Qi（2003）提出了一个基于流程的供应链业绩评价框架，其包括的六个流程是：供应商、内部物流、核心制造商、对外物流、营销和销售以及终端客户。每个流程都是可分解的流程，逐渐分解为子流程和活动，并将相关的目标和职责功能分解为更为详细的说明。然后对活动进行评价，转而向上整合进子流程，并最终进入核心流程。

陈志祥（1999）主要是研究了敏捷供应链的绩效评价问题，从物流协调、信息协调、资金流协调和工作协调四个领域建立了敏捷供应链的绩效评价指标体系，这一指标体系是一套多目标的评价体系，指标之间建立了数量关系。

马士华等（2000）从客户服务、生产与质量、资产管理和成本四个方面提出了供应链绩效评价的一般性评价指标。

徐贤浩（2000）等人提出了能反映整个供应链业务流程绩效的评价指标，包括：①产销率指标；②平均产销绝对偏差指标；③产需率指标；④供应链产品出产（或投产）循环期指标；⑤供应链总体运营成本指标；⑥供应链核心产品成本指标；⑦供应链产品质量指标。

霍佳震等（2001）通过对集成化供应链的研究，提出了供应链核心企业内外部绩效和供应链整体绩效评价指标体系，以及供应商和零售商的绩效评价指标体系，对供应链的主要节点企业的绩效都进行了一定的研究。

作为一门学科，企业绩效评价的研究和实践正向深度发展。随着时间的推移，绩效评价演变出了更复杂的框架和系统。

### 1.3.2 供应链绩效评价模型国内外研究综述

供应链绩效评价模型是指基于供应链管理基础上的供应链绩效评价指标的构成。在供应链绩效评价中常用的评价模型有供应链平衡计分卡模型、供应链运作参考模型、物流计分卡模型等。

（1）供应链平衡计分卡（Balanced Scorecard，BSC）模型

在前面绩效评价发展研究综述中，介绍了平衡计分卡绩效评价框架，这套评价框架以战略为中心，将战略进行分解，构建了一套财务指标与非财务指标相结合的指标体系。随着平衡计分卡的广泛运用，这一评价模型扩展到了供应链绩效

评价领域。例如，Brewer和Speh（2000）将平衡计分卡在组织内部应用的四个角度扩展到了供应链的组织之间。

马士华等（2003）在已经提出的供应链一般性绩效评价指标的研究基础之上，结合平衡计分卡模型，从客户、供应链内部流程、未来发展和财务价值四个角度进一步构建了供应链平衡计分卡模型。

陈畴庸（2003）主要建立了以制造企业为核心的响应型供应链的绩效评价指标体系，该体系的构建也是结合了平衡计分卡的四个维度，并运用了层次分析法做了进一步的绩效分析和评价。

（2）供应链运作参考模型（Supply Chain Operations Reference Model，SCOR）

供应链理事会将Pittiglio、Rabin、Todd和McGrath（PRTM）创造的一个供应链的综合绩效评价指标体系扩展之后形成了供应链运作参考模型（SCOR）。SCOR是第一个跨行业的框架，用于评估和改善企业的供应链绩效和管理。评价指标包括交货、订单的处理、生产灵活性和现金周期时间。通过运用SCOR模型，Geary和Zonnenberg（2000）报道，由绩效评价组织（PMG）开展的评价标准研究表明最佳供应链执行者获得相当大的财务和经营好处。高层执行者制定了明确的与总体业务目标和客户需求密切关联的供应链战略。最好的做法可以分为五个主要手段来考虑：配置、实践、供应链网络、组织结构和信息技术架构。在这个调查中，PMG检查一流行业面向客户的指标和面向内部的指标的执行。面向客户的指标，比如上行生产灵活性和按客户要求交货的绩效，量化了供应链如何交付产品给客户。面向内部的指标，其中包括总的供应链管理成本和现金周期时间，描述一个组织如何有效地使用资源为客户创造价值。

中国电子商务协会供应链管理委员会在SCOR的基础之上，结合中国供应链管理模式和企业现实需求，于2003年10月颁布了《中国企业供应链管理绩效水平评价参考模型（SCPR1.0）构成方案》。SCPR是中国第一个正式由全国性行业组织制定并推荐使用的、定量评价供应链管理绩效水平和科学实施供应链管理工程的指导性工具。SCPR从五个方面评价供应链绩效：订单反应能力指标、客户满意度指标、业务标准协同指标、节点网络效应指标和系统适应性指标，对企业的供应链绩效进行了相对全面的评价。

中国其他学者也尝试探讨SCOR模型的具体运用。例如，何忠伟等人（2003）基于SCOR模型的指标，将其他方法如层次分析法等对供应链流程进行了绩效评价。高萍、黄培清和张存禄等人（2004）运用SCOR模型从供应链的可靠性、响应能力、灵活性、成本以及资产管理五个方面衡量和测评供应链绩效并给出相应的评价指标。

（3）其他供应链绩效评价模型

在供应链的绩效评价模型方面，供应链平衡计分卡模型和供应链运作参考模型是最流行的评价模型，除此之外，目前谈论较多的还有ROF模型、物流计分卡模型等。

ROF（Resources，Output，Flexibility）评价模型是Beamon（1999）基于供应链战略目标建立的指标体系，从影响供应链战略的三个因素，即资源（Resources）、输出（Output）和柔性（Flexibility）建立绩效评价指标体系。

物流计分卡（the Logistics Scorecard）模型是由国际物流资源公司（Logistics Resources International，Inc.）开发的，主要是针对供应链中的物流管理进行的绩效评价。

基于作业成本模型是一种基于价值链分析的成本模型，由Michael Porter于1985年提出。这个方法将业务流程分解成单个成本驱动的活动，并评估每一个活动需要的资源（如时间、成本等）。这种方法使得供应链业务流程的成本和真正生产率评估较之传统的财务统计方法更有效。

供应链绩效评价的视角已经从BSC和SCOR发展到价值和成本会计。Lambert和Pohlen（2001）提供了一个有助于确定供应链绩效评价指标的框架，找出那些转化为股东价值的指标。在他们看来，供应链的整体表现是由供应链上每个企业市值增加决定的。Yao和Liu（2006）从成本会计的角度，将经济增加值（Economic Value Added，EVA）、平衡计分卡（BSC）和作业成本法（Activity-Based Costing，ABC）结合起来的综合绩效评价框架。除了这些研究角度，Otto和Kotzab（2003）认为还可以从以下六个角度来研究供应链绩效评价：系统动力学、运筹学、物流、营销、组织和战略领域。不同的角度设置有不同的目标，会导致采用不同的评价指标。

除以上提到的供应链绩效评价模型外，我国的学者还从不同的角度提出了供应链绩效评价模型。例如，史成东、陈菊红、郭福利（2008）利用粗糙集和BP神经网络的理论和方法建立了一个基于粗糙集和BP神经网络的供应链绩效评价模型。崔南方和钟秀丽（2006）构建了一个基于SCOR的物流作业成本模型，通过定义标准的物流作业分析流程，使物流作业成本核算的可操作性得到加强。

杨瑾（2013）结合大型复杂产品制造业集群供应链的特点，提出了用协同性、可靠性、柔性、质量管理和成本控制等五个潜在变量和十六个观测变量来评价供应链绩效，在此基础上，用结构方程建模的方法构建了四种评价大型复杂产品制造业集群供应链绩效的可能模式，即单因素一阶模式、潜变量间互不相关的一阶模式、潜变量间存在相关的一阶模式和二阶模式。

### 1.3.3 系统动力学及其在供应链绩效评价应用研究综述

（1）系统动力学的研究综述

系统动力学诞生于20世纪50年代，创始人是美国麻省理工学院的Forrester教授，初期主要应用于工业企业管理，处理诸如生产与雇员情况的波动，股票与市场增长的不稳定性等问题（王其藩，2009）。随后，系统动力学的应用范围不断扩大，研究范围几乎遍及所有的领域。

Forrester教授在1961年出版的《工业动力学》（Industrial Dynamics）是系统动力学最经典的著作，在书中阐明了系统动力学的基本理论、原理和应用。到了20世纪70年代，由26个国家和地区的75名科学家成立了著名的罗马俱乐部，他们对世界面临的人口增长与资源枯竭问题感到非常困惑，当时的一些理论和工具难以胜任这些问题的研究，因此他们期望借助系统动力学来取得研究上的突破。罗马俱乐部提供财政支持成立了由Forrester教授的学生Meadows教授为首的国际研究小组，承担世界模型的研究任务，并出版了《世界动力学》、《增长的限制》等著作。

从20世纪90年代开始，系统动力学在世界范围内得到广泛的传播和发展，在物流与供应链领域。Forrester在20世纪60年代对于库存与销售波动问题的研究被认为是供应链研究的经典，即“牛鞭效应”。80年代后期Sterman对啤酒分销游戏的运作机理和结果进行了较全面、深入的分析。90年代起研究成果较多，相应的研究机构有英国的Cardiff大学的物流系统动力学小组、意大利的Palermo大学的CUSA系统动力学小组等。80年代以后，系统动力学在理论与应用研究两方面都取得了飞跃性的进展，进入了比较成熟的阶段。

系统动力学在我国的发展起步较晚，在被引入中国后，得到中国学者的大力支持，并广泛应用于国民经济管理的各个领域。在中国，很多学者运用系统动力学理论和方法，对社会生活、生态环境、社会可持续发展、企业经营管理等领域的实际问题进行了系统性的研究，为社会经济发展做出了巨大的贡献。目前系统动力学方法在我国已开始用于地区和国家级规划模型，一些高等院校及专业学术团体正积极参与研究并向社会推广应用。

贾仁安等（2000）从系统的基本因果关系出发，应用图论的相关理论和方法，根据基本要素的因果关系研究整个系统的结构、构建系统流图，是建模方法研究的主要内容，建立了系统动力学的流率基本入树建模法，枝向量行列式、矩阵反馈环计算法，得到了另一种系统动力学规范化建模方法，这有利于系统动力学规范化建模与反馈分析。

目前，国内外系统动力学正在由复杂的非线性多重反馈环向组成社会系统发展，它将给解决社会系统问题的研究带来帮助。

（2）系统动力学在供应链绩效评价方面的研究综述

系统动力学常常使高层管理人员和决策制定者洞察复杂系统的动态行为，并帮助他们做出正确的决策。它建立在信息反馈理论基础上，并且提供了一个结构分析技术用于定性映射、建模和定量模拟。系统动力学被认为是一种非常全面和复杂的方法，在处理复杂动态系统时用这种方法可以更清晰地认识系统，并做出科学的决策。供应链是动态不稳定的，在供应链的管理中，需要考虑供应链的动态性，这对于改善供应链和获得竞争优势是至关重要的。由于供应链的信息流的特征、节点企业之间的协作和相互之间的动态关系，可以用系统动力学的方法建模和仿真。虽然系统动力学可用于供应链管理领域的研究，但是在Forrester的研究之后，很长一段时间这类研究都比较沉寂，直到20世纪80年代之后文献才比较多，这和当时的市场发育水平和经济发展水平是有一定关系的。目前，系统动力学已经在供应链的很多研究领域有了发展，例如供应链管理、供应链政策制定、供应链业务流程再造和项目管理等，尤其是供应链库存管理领域，运用系统动力学研究库存控制的文献比较多。

至于系统动力学与绩效评价的结合，大多数学者着重在平衡计分卡模式的基础上结合。Wolsentholme（1998）认为平衡计分卡只注重绩效衡量，忽略政策与战略的变化对绩效的影响，系统动力学的反馈控制的观点可以弥补此种不足。此外，平衡计分卡对于指标之间的因果关系及对未来绩效的影响方面也缺乏度量，也需靠系统动力学的工具和方法加以改进；Sloper（1999）等人在运用平衡计分卡的时候引入系统动力学方法与系统思考，着重从过程中增加对系统的了解，从而有效地进行绩效评价；Akkermans 和 Oorschot（2002）回顾过去的相关文献，归纳出平衡计分卡在绩效评价方面的优点，并重点评述了由于其在因果关系、时间延迟及反馈机制方面的不足，常常会造成决策者的错误判断和决策，并提出可以采用系统动力学来弥补不足；Schoenebron（2003）认为Kaplan和Norton提出的平衡计分卡只是以部分因素之间的简单因果关系为基础，其常常因为动态复杂性而导致企业推行平衡计分卡的失败，应当应用系统动力学的因果反馈加以控制；颜志刚（2003）认为借助系统动力学提供的工具进行系统思考，完善因果关系能更好地解决动态性复杂问题。一种改进措施是设置反馈回路，使企业预先对其行动的负面影响有所察觉，提前做好预防措施或及时采取应变措施加以纠正。另一种改进措施是在因果关系中加入时间延滞因素，从而避免采取错误的反应，并对业绩做出正确的评价。

但是，在供应链绩效评价领域使用系统动力学方法还不是太多。

### 1.3.4 研究述评

企业的绩效评价研究发展到现阶段，已经从单纯的以财务为导向发展到现在以战略为导向，并在绩效考核中充分重视其他利益相关者的利益。供应链的绩效评价目前是绩效评价领域的热门议题，因为不仅仅关注了企业自身的绩效，也充分关注了与企业相关的供应商等其他供应链链条上的企业利益。供应链绩效评价的研究在我国也是越来越引起大家的关注，21世纪以来相关的研究成果层出不穷，从供应链绩效指标体系，到供应链绩效评价模型，均有了很大的研究进展。

但是，从以上分析可以看出，对供应链绩效评价的研究还有一些需要进一步研究的地方，归纳起来主要有以下几个方面：

（1）未注意供应链绩效评价模型的层次性

由于供应链是一个复杂的系统，链上有多家成员企业，成员企业之间也是相互作用、相互影响的，所以供应链绩效评价系统是一个复杂而庞大的系统，既涉及链上单个企业的绩效，还涉及供应链的协同绩效和整体绩效。因此，供应链绩效评价系统应该是层次性的，那么绩效评价指标也应该是有层次性的，特别是单个企业的绩效是如何与供应链的整体绩效相关的。现有文献中对供应链绩效评价指标的层次性问题探讨较少。指标体系缺乏层次性会导致绩效评价比较混乱没有结构，从而无法真正深入探究供应链各层次的绩效究竟如何，是什么因素影响了绩效。

（2）未建立完整的供应链绩效评价指标体系

现有的研究主要是针对某一项或某几项供应链管理目标来设置评价指标，而且研究的重点还是比较集中，比如说对于供应商的选择和顾客满意度的评价有较多的文献涉及，但对于企业发展能力等方面的评价相对较少，或者不够全面。这种研究都没有真正把供应链作为一个整体来对待，所以选择的评价指标也就不够全面。

（3）未建立动态的供应链绩效评价指标体系和评价方法

前已述及，供应链是一个动态的结构，供应链上各种物资、资本、信息的流动都是动态的，要有效地评价供应链的动态绩效，就必须对其运作过程进行动态的监控和管理。现有的绩效评价大多数是静态的、一次性的评价，无法随时根据环境和情况的变化对绩效做出动态的监控和评价，致使供应链绩效评价总是落后于供应链管理实务，无法提供更多预测性的情报，大大影响了绩效评价在供应链管理中重要作用的发挥。此外，现有的绩效评价方法和手段多是以静态评价为主，无法进行仿真。

总之，供应链绩效评价在供应链管理领域是非常重要和热门的内容，也受到越来越多企业的关注。供应链绩效评价在近20多年都有很大的发展，研究出了很多有一定实用性的评价指标和模型。但是，大多数指标体系或模型存在层次性不清晰、指标不完整、缺乏动态性等问题，制约了供应链绩效评价作用的更大发挥。鉴于这种研究状况，本书将引入系统动力学方法构建供应链绩效评价的模型。

## 1.4 研究内容、研究方法和技术路线

### 1.4.1 研究内容

本书基于系统动力学理论和建模方法，构建了供应链绩效评价模型。本书构建的绩效评价模型是以供应链上的核心制造企业作为主要的绩效评价对象。全书共分为八大部分，各章的具体内容概括如下：

第1章是绪论。首先，简要介绍本书的研究背景、研究目的和研究意义，明确了选题的研究价值。然后，重点对绩效评价、供应链绩效评价及供应链绩效评价模型等的国内外研究现状进行了梳理，并进行了简要的评述，并在此基础上确定本书的主要研究目标和内容，拟采用的研究方法和技术路线。最后，简要阐述了本书的主要创新点和不足。

第2章是系统动力学与供应链绩效动态评价基本理论，阐述系统动力学的概念、特点、建模原理和步骤，以及供应链绩效、供应链绩效评价的概念，并在此基础上进一步界定了供应链绩效动态评价模型的概念和研究范围，这些基本的理论和概念是本研究的理论基础和起点。

第3章是现有供应链绩效评价模型介绍及局限性分析，主要对当前比较流行的几种供应链绩效评价模型进行介绍，如供应链运作参考模型、供应链平衡计分卡模型、ROF模型，以及其他模型诸如物流计分卡模型、经济增加值模型、基于作业成本模型等。然后分析这些模型存在的主要局限性，为基于系统动力学构建供应链绩效评价模型做铺垫。

第4章是基于系统动力学的供应链绩效动态评价模型构建的可行性及基本思路。在上一章分析的基础上，得出现有的供应链绩效评价模型都无法完全地结合供应链的特点，因此提出运用系统动力学的方法和工具来构建供应链绩效评价模型。本章首先分析基于系统动力学的供应链绩效评价模型构建的可行性。由于供应链的系统动力学特性和系统动力学在研究社会系统方面的优越性，利用系统动力学构建供应链绩效评价模型是可行的。接下来本章探讨基于系统动力学的供应

链绩效评价模型构建的原则、思路和方法，结合系统动力学的建模原理来详细论证，为模型的具体构建搭建理论平台。

第5章是基于系统动力学的供应链绩效评价指标体系构建。首先，阐述供应链的网络结构和核心企业的作用，理清供应链各节点之间的关系及相互影响，并提出核心制造企业的绩效评价和供应链整体综合绩效评价是本书中供应链绩效评价模型包含的内容；其次，探讨绩效评价指标体系的构建方法，通过论证，认为平衡计分卡和系统动力学相结合的方法可以很好地解决指标的系统性、动态性、因果性、延迟性等问题；最后，详细阐述了具体构建核心制造企业的内部绩效和外部绩效评价指标体系以及供应链整体绩效评价指标体系的过程和内容。

第6章是供应链绩效动态评价模型因果关系图和流图的构建。指标体系构建出来之后，依据系统动力学理论，必须进一步找到这些指标之间的因果反馈关系。在相关理论和文献的指导下，通过反馈回路的分析，在加入了适当辅助变量之后，构建了绩效评价指标之间的因果关系图。在构建了指标体系之后，接下来就是绘制供应链核心制造企业内外部绩效评价与供应链整体绩效评价的系统动力学流图，使供应链的绩效评价成为一个系统的有反馈机制的体系。这一章也是本书的重点和难点所在。

第7章是基于系统动力学的供应链绩效动态评价模型仿真算例。在上一章构建好的动力学模型的基础上，需要对模型进行验证和仿真。首先选择了一家企业作为仿真的案例，通过对企业的访谈、调研等获得基本数据之后，对模型进行仿真实验。通过设置初始值等，用Vensim软件进行了仿真，然后对仿真结果进行分析，在验证模型有效性的同时，进行了敏感性分析，通过改变参数值的方法分析引起绩效变动的关键驱动因素。然后，对系统主反馈环及演化特性、系统基模进行了分析，分析影响企业绩效的关键驱动因素是如何发挥作用、整个系统的演化特性和趋势是什么，以便于企业有的放矢地开展绩效管理。最后，对案例企业的绩效评价结果进行总结，找出存在问题，并给出相关的建议。

第8章是总结与展望。对研究结果进行总结并提出有待进一步加强的研究领域。

### 1.4.2 研究方法

本书在研究方法上主要采用规范研究与仿真相结合的方法，具体来说有以下几种方法：

（1）文献综述

确定选题之后，第一步，对选题所涉及的研究领域的文献进行了广泛的搜集和整理，主要是搜索了国内外近10年特别是最近5年来有关系统动力学及供应链绩效评价研究的相关文献资料。第二步，对这些文献进行研究，对系统动力学、供应链绩效评价等问题的研究现状、主要的研究成果、研究方法和主要的观点等进行了梳理、分析，了解了和选题有关的研究领域的研究现状及未来发展趋势。第三步，在前一步对文献进行梳理的基础上，对文献进行综述，即按照自己的想法和思路对文献进行更深入系统的论述和评价。在这一步，对供应链绩效评价理论及评价模型等领域研究进行综合评述，分析这一领域目前存在的问题，藉此提出研究论题。通过文献的梳理，分析了供应链绩效评价模型领域的研究存在的主要问题，进而提出本书的研究论题，也就是研究目标，是构建更科学、实用的供应链绩效评价模型。

（2）理论推演

在文献综述的基础上，提出本书的主要研究内容、研究思路和拟采用的关键技术。根据前面的文献综述，现有的供应链绩效评价模型是存在一定局限性的，如何构建更为合理的供应链绩效评价模型是主要研究内容。结合系统动力学的特点和优点，在理论上首先推演出系统动力学是非常适用于供应链绩效评价模型的构建的。然后，结合系统动力学的特点和供应链绩效评价特性，推演出系统动力学与平衡计分卡相结合的方法来建立供应链绩效动态评价指标体系。

（3）模型构建与模型仿真

在完成了前面的文献梳理和理论推演后，根据已有的文献，在一定的理论基础之上，运用系统动力学的建模理论和步骤，推导建立供应链绩效评价的系统动力学模型，主要构建供应链核心制造企业内外部绩效和供应链整体绩效评价的因果反馈环路图和系统动力学流图。模型初步构建完成后，对供应链绩效评价模型进一步进行了仿真，一方面是为了检验模型的科学性和有效性，另一方面对模型的整体演化特性进行深入分析，找到仿真案例中影响案例企业的供应链绩效的关键因素和驱动因素，提高模型的实际应用性。

### 1.4.3 技术路线

根据研究内容和研究方法，本研究的具体技术路线如图1-2所示。

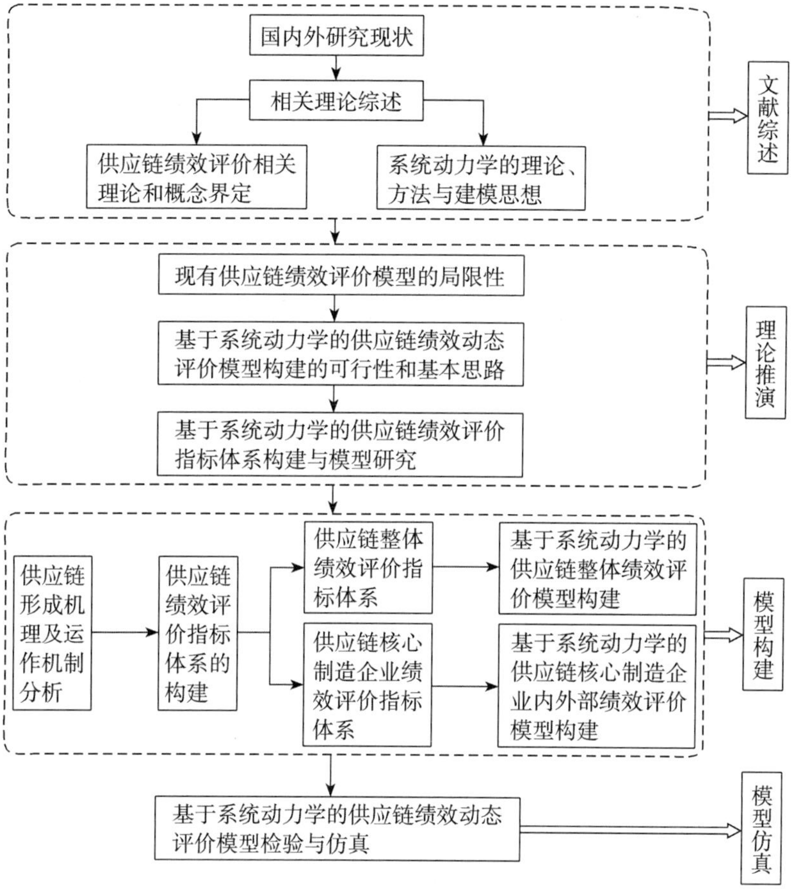


图 1-2 技术路线图

# 1.5 研究创新点及不足

## 1.5.1 研究创新点

本书主要研究了基于系统动力学的供应链绩效动态评价模型的构建，用于评价供应链核心制造企业的内部绩效、外部绩效和核心企业所在供应链整体绩效。研究创新点主要有以下几点：

①构建了相对系统和完整的以供应链核心企业为主要评价对象的供应链绩效评价指标体系。通过对供应链的网络结构和运行模式的分析，界定了核心企业的作用，并在此基础上，将平衡计分卡和系统动力学理论结合，依据供应链管理目标构建了供应链核心制造企业内外部绩效评价指标体系和供应链整体绩效评价指

标体系。

②构建了比较完整的供应链绩效动态评价的系统动力学模型。分析系统动力学在供应链绩效评价模型构建中不同的视角和优势，论证了用系统动力学研究供应链绩效评价的可行性，并利用系统动力学的方法、工具，将系统动力学理论拓展到供应链绩效评价领域，构建了供应链绩效评价的动力学模型，包括核心制造企业内外部绩效和供应链整体绩效评价的因果反馈图和系统动力学流图。

③开展了供应链绩效动态评价模型的仿真实验。在构建了供应链绩效评价的系统动力学模型之后，选择了一家案例企业，利用计算机和Vensim软件对模型进行仿真实验。据此，首先可以验证所构建的绩效评价模型的可用性与有效性。其次可以依据模型的仿真结果，找出供应链管理中存在的主要问题，以及影响企业绩效的关键因素，并在此基础上，根据绩效评价模型仿真结果为供应链管理者提供相关建议。

### 1.5.2 不足之处

①有些评价指标之间的因果关系建立得相对简单。本书构建的模型有一定的通用性，考虑了供应链绩效评价的最基本的一些评价要求，主要是为供应链绩效评价的系统动力学模型的构建提供基本思路和方法，所以有些指标之间的因果关系建立的相对较为简单，例如员工满意度指标的影响因素有六个，但是没有进一步对这六个影响因素与其他指标之间的因果关系进行分析，比如说员工培训费的发生其实也会影响员工个人职业发展，但本研究并没有进行这样的因果关系构建。今后随着此模型在具体行业或具体企业运用，可以更深入地构建指标间的因果关系，这也是未来进一步研究的内容。

②供应链绩效评价模型构建中尚未考虑不同类型供应链的差异。供应链之间是存在差异的，不同类型的供应链在管理目标上也有一些差异，因此从理论上来说，在构建绩效评价模型的时候需要考虑这种差异性来分别建模。本研究暂时没有做这方面的思考，主要还是基于建立简单初步通用模型的考虑，但是在今后将在这方面深入研究和探讨。

## 1.6 本章小结

本章主要在对研究背景和研究意义进行阐述之后，明确了系统动力学在供应链绩效评价领域的适用性。然后对绩效评价、供应链绩效评价、以及系统动力学在供应链绩效评价中的应用等方面的文献进行了梳理，很明显可以看出供应链绩效评价是未来企业绩效评价的重点。文献综合述评之后，对本书的研究内容、技术路线、研究方法进行了阐述，最后总结本书的创新点和不足之处。

# 2 系统动力学与供应链绩效动态评价基本理论

## 2.1 系统动力学基本理论

### 2.1.1 系统动力学的含义

（1）系统的定义

“系统”源自古希腊语，意为“共同”和“给予位置”。在《辞海》中，系统是指“自成体系的组织”。

系统中存在的问题往往是多因素的，而且这些因素之间的作用也是相互的，形成多重的反馈环，使系统呈现出非常复杂的非线性特征，具体来说，系统有如下特征：

首先，系统是流动的，有各种物资流、信息流等的流动。在系统内部，有实体在流动。例如，生产企业购买原材料，加工成产成品之后卖给批发商，直至最后到消费者手中。另外，系统内还有设备、职工等实体物资的流动，这都属于物资流，物资流一般是单向的。除了物资流，系统内还有信息流的流动。信息流就是对记录在图纸、账单、订货单、存储介质等的各种数据的变换和流动。它记录着信息流的状况，反过来又控制信息流，所以系统内信息流是双向运动的。任何系统都是既有物资流又有信息流，二者缺一不可。物质在生产过程中不断改变状态，信息也不断变换形式，管理部门需要不断地通过信息流来控制物资流。

其次，系统的输入和输出之间是需要一定时间的。这是在系统内部被处理所需要的时间。正是由于传递需要时间，所以系统内就会出现传递的延迟(Delay)。延迟会给系统的控制带来麻烦。信息反馈系统之所以呈现出各种动态特性，最主要的原因就是延迟现象的存在。延迟从本质上说是一种动态过程，即输入流以某种变化作用于系统后，在延迟期间输出流与输入流任何时间都是不相等的，这就意味着流动过程中有残存量，因此，延迟只不过是一种特殊的积累，因为延迟过程中，输入流与输出流总是不相等。无论是实体流还是信息流的延迟，都可以使用积累方程和流速方程来描述，系统动力学就是一种非常好的研究系统的工具。

（2）社会系统的特征

系统动力学的主要应用领域是社会系统，一般来说，所有涉及到人类活动的系统都属于社会系统。社会系统具有以下特征：

①社会系统是大系统

所谓大，是说它有很长的系统边界，在边界以内，有众多因素相互作用，在边界以外环境因素复杂而且多变，要把握系统的宏观行为，应该对所有的因素实行全方位扫描。

②社会系统符合因果关系

一切社会现象都是某种原因产生的。我们研究社会系统的目的不外有两条：一条是由原因找结果，如探求某种政策的结果如何；另一条是由结果找原因，探求社会现象的原因，例如，研究某个地区经济不发达的原因，为制定发展规划提供依据。无论是前者还是后者，都是非常困难的事，特别是用经验的方法来研究。其主要原因是社会系统内众多因素相互作用，形成若干因果关系环，又称反馈环。这些环有大有小，行为各异，可以分为两类：一类叫正因果关系环，其行为是无限发展的或称恶性环；另一类是负反馈环，是具有收敛行为的反馈环。这两类环在一个系统中同时存在，相互牵扯，系统的行为主要由这些反馈环形成，我们制定政策、控制系统的行为，也主要是通过控制各反馈环的消长而实现。

③原因与结果的时空特性

社会系统与我们熟悉的物理系统不同，原因与结果，原因与现象在时间上或空间上都是分离的。所谓分离是对于我们人的直观感觉而言的。简单系统的原因与结果，现象与原因在时间及空间上都是紧紧联在一起的。但是，社会现象与原因之间无论是在时间上还是空间上都不可能紧紧相连。因此使用直观的、经验的方法去研究，可能找不到现象产生的真正原因。Forrester曾做过如下论述：“当我们对某个复杂的社会系统所采取的修正行动总不能见效时，就表明我们所期望的东西与我们的行动相反。这时，我们为了改善困难的处境所采用的策略，实际上，不但不能改变困难的现状，反而会加剧困难的程度，在解决复杂社会经济问题时，选择到无用的，甚至是有害的策略的原因，可能就在这里。”在解决企业、经济组织、城市、政府及社会问题时，很容易遇到这样的问题，这都是由于社会系统的特征产生的。

④非线性特性

一般而言，社会系统都具有明显的非线性特性，如果勉强地进行线性假设，其结果，会失掉某些本质的东西，是不可取的，这给数学描述带来困难。延迟现象也是一种非线性特性，在社会系统中普遍存在着。

上述社会系统的特点，也构成了解决社会系统问题的难点，要了解及解决社会系统这些错综复杂的问题，仅仅凭借人们的经验或直观感觉是不够的，应该使用系统动态模拟方法，而且由于社会系统的非线性特性，只有借助这种动态模拟才能解决问题。对于复杂的社会系统来说，系统边界很大，在系统内部也存在着非常复杂的因果关系。因此，凭借人的直观与经验既不能适应巨大的系统边界，也不能适应复杂的因果关系环。就是说，人的直观与经验不能有效地对社会系统进行跟踪，因此，用系统研究方法及借助计算机进行动态模拟可以在一定程度上消除人的局限性。系统动力学就是一种典型的运用系统思考开展研究的方法，所以在社会系统的研究中也可以发挥重要作用。

（3）系统动力学的定义

系统动力学（System Dynamics，SD）是一种利用计算机仿真动态地研究社会系统行为的方法。这种方法主要包括以下内容：①系统动力学以控制论为理论基础，在所研究的系统中都通过反馈机制的建立来研究系统行为。②由于系统的复杂性和边界较大，所以为了更好地分析系统的行为，系统动力学将研究对象进一步划分为若干个子系统，并在子系统之间和子系统内部建立因果关系。③系统动力学的最大的特点之一是能够进行计算机仿真，这主要是因为系统动力学会在因果分析的基础上，进一步构建了系统流图，建立了变量之间的数量方程式。模型建立之后，还可以进行模型的检验，以验证所构建模型的有效性和适用性。④系统动力学通过计算机仿真，对所研究对象的行为及演化趋势进行动态分析，为决策的制定提供依据。

### 2.1.2 系统动力学的特点

系统动力学针对现实的社会系统，通过相关研究建立动态的仿真模型，对系统的行为进行模拟演化，对可能引起系统变化的因素进行分析和实验，找到提高系统性能的途径和方法。所以，系统动力学是在定性分析的基础上，结合定量分析，对复杂系统进行的仿真分析，与其他建模方法相比，具有如下特点：

（1）系统动力学是定性分析与定量分析的结合

系统动力学的定性分析主要是在构建模型时进行的因果关系分析。为了对系统的行为进行更为有效的分析和评价，需要对引起系统行为变化的关键因素进行因果分析，确定引起系统行为变化的主要影响因素和驱动因素，并建立因果关系图。定性分析之后，为了进一步研究指标间的数量关系，还需要建立系统流图，这是仿真的基础，流图的建立就是一种定量分析。因此，系统动力学将定性分析与定量分析紧密结合，并且可以据此进行仿真实验。

（2）系统动力学适合处理数据精度要求不高的复杂的社会经济问题

在建立好系统流图之后，只要对流位变量设置初始值之后，就可以进行系统动力学的仿真，选择一个时间长度进行指标的演化趋势分析，所以这种仿真只需要借助因果关系和有限的数据就可以做出演化趋势的判断，很适合解决社会系统中数据不足、精度不高时的系统分析和推算问题。所以，系统动力学建立的模型属于管理型模型。

（3）系统动力学研究的目标不是追求对未来的准确预报，而是有条件的预测

系统动力学强调结果产生的条件，通过试验不同策略所达到的效果，达到深化对真实世界的正确理解，评估自己所作假设和每项策略所达到效果的一致性。为预测未来提供了新的手段。

（4）系统动力学采用的是系统结构决定系统行为的原理

由此可知道系统中每个因素的作用，评估系统中不同部分做出的不同行动将如何增强或削减系统行为的趋势。这与经济学采用的方法完全不同。经济学的方法是引用相互间独立的变量的历史数据，用统计学方法确定这些变量与系统参数形成的方程，描述系统行为，不需要考虑因素之间的内在关系。

（5）系统动力学注重策略的长期效果

因为各种系统行为都有一定的周期性规律，需要在一个较长的时间内才能观测到其变化规律。要理解长期效果，只有找出能产生任何可能变化的一些主要因素。最理想的状况是，系统要在宽广的时间范围内，在系统主要变量作任何重要的、可选择的变化方案下，能理解其产生的响应机制，并对其机制做出较为科学的解释。所以系统动力学不是研究系统短期行为的，而是研究系统行为的长期演化特性，依此制定的政策或策略也是注重长期效果的。（张波、袁永根，2010）

总而言之，系统动力学在处理复杂系统问题时有其非常鲜明的特点和优势，尤其是解决高阶、非线性、动态的系统问题，在数据比较缺乏、用一般数学方法很难求解的时候，可以借助于系统动力学仿真技术和原理，以及计算机技术的辅助，获得所需要的主要信息。

### 2.1.3 系统动力学模型的基本构成要素

（1）因果关系

因果关系分析是系统动力学方法的重要内容和基础。在社会系统中，影响系

统行为的各种要素相互作用，形成因果反馈关系，所以因果关系是社会系统内各子系统之间相互关系的真实反映。

若两变量A、B之间存在因果关系，变量A是原因，变量B是可能引起的结果，那么变量A和B之间的关系就可以表述为：变量A的变化是导致变量B变化的原因。变量A变化之后可能导致变量B出现两个方向的变化，一种是和变量A的变化同方向，即变量A增加，那么变量B也增加，这种关系说明A、B之间的因果关系是正极性的；还有一种情况是变量B的变化和变量A反方向，即若变量A增加，则变量B减少，这种因果关系是负极性的。用因果链可以将两变量的上述关系表示成：

$A \xrightarrow{+} B$　　或　　$A \xrightarrow{-} B$

因果关系是逻辑关系，没有计量和时间上的意义。

(2) 反馈回路

在明确了因果关系之后，应该进一步研究因果关系反馈环（Causal Feedback Loop）。原因和结果相互作用就会形成反馈回路。

反馈回路是有极性的，极性是由反馈回路上因果链的积累效应决定，而因果链的积累效应取决于反馈回路上正极性和负极性因果链的个数，尤其是负极性因果链的个数。如果负极性因果链的个数是奇数，则该反馈回路就是负反馈回路，这种类型的反馈回路具有自我调节的效果，能不断修正和调整系统的行为；如果负极性因果链的个数是偶数，或者全部都是正极性因果链，则该反馈回路为正反馈回路，这种类型的反馈回路会导致系统行为出现不断增长和强化的效果。

(3) 变量

对于系统反馈结构来说，变量要素主要包括状态变量、流率变量、辅助变量和常数等。变量要素按一定次序排列和组合，可以构成反馈回路。

①状态变量

状态变量在系统动力学中也称为积累变量或流位变量（Level），主要是描述系统的积累效应的变量，反映了系统运作的结果。积累是系统内部的流的堆积。物流、资金流、信息流这三种流的堆积都可以形成状态变量。比如，库存量、贮水量、人口等都可以用Level表示。流位或积累变量有比较严格的表达格式，现在的积累量等于前次或前期的积累量加上流入流与流出流的差。

积累（现在时刻）=积累（前一时刻）+（流入流速-流出流速）×时间间隔

这个表达式可以反映出状态变量的基本特征，即状态变量具有累积性，反映从最初时刻到目前为止的累积数。

②流率变量

流率变量（Rate）也称为决策变量，是反映流位变量变化速度的变量，之所以被称为决策变量，是因为流率变量是可以人为选择和调节的，又称控制变量、操作变量和设计变量，是指单位时间内的流量。流率变量会影响流位变量的积累效果。令DT是当前时刻与前一时刻的时间间隔，如果DT足够小，则当前时刻的状态变量可表述成：

状态变量（当前时刻）=状态变量（前一时刻）+DT×决策变量（前一时刻）

③常数

描述系统中不随时间变化而变化的量，称为常数（Constant）。在仿真运行期间，某个参数的值如保持不变，则该参数称为常数。

④辅助变量

当流率变量的表达式较复杂时，可以引入辅助变量（Aulixliary）。辅助变量反映了流率变量对流位变量影响的途径，是构建反馈关系的重要因素。

### 2.1.4 系统动力学的建模原理和步骤

（1）系统动力学的建模原理

系统动力学是以系统思考和反馈控制的原理为基础，研究各种社会经济问题。这种建模方法将系统论、控制论等传统的自然科学理论与经济学理论相互交叉和结合，为社会经济问题的研究提供了不同的视角和思路。这种方法与经济控制论的最大区别是：系统动力学核心是双向因果概念（即反馈概念）和反馈系统，将研究对象看成是完全或近似闭合的系统，只有很少量是外生的，系统动力学从系统内部的结构和因果关系入手，极力建立反映系统特性和行为的反馈结构，并以此为基础建立模型。系统动力学模型一般都是高阶非线性随机微分方程（组），其方程是系统的时间进化过程。

（2）系统动力学的建模步骤

系统动力学模型是在因果反馈关系的基础上建立的，因此要构建系统动力学的模型，就必须先建立系统变量之间的因果关系，分析系统变量之间是如何相互影响，并最终形成因果反馈关系的。系统变量的因果关系用因果关系图表示。根据前面的分析，可以了解到因果关系是有极性的，因此在因果关系图中也包含了原因与结果之间的极性，并由此决定了反馈回路的极性，从极性可以判断反馈回路的运动轨迹是不断加强还是自我不断修正和调节。构建了因果关系图之后，为了能进行模型的仿真，需要进一步建立变量之间的数量关系，构建系统流图。模型具体构建过程如下：

①明确系统建模目的。一般说来，系统动力学的建模目的在于研究系统主要

问题或矛盾，并以问题为导向进行研究。系统动力学模型最终要为决策提供依据，因此构建模型首先要目的明确，这样才能为决策提供更为科学的依据。

②明确系统的边界。一般来说，系统动力学是研究封闭系统的，也就是说系统行为主要是受内部要素的影响，外部因素不会给系统行为带来本质的影响，因此明确了建模目的之后，就需要进一步明确系统的边界，这有利于确定系统研究的范围，明确哪些要素是内部要素，哪些要素是外部要素，研究的重点应该放在内部要素上面。

③因果关系分析和因果关系图构建。明确系统边界之后，就可以进一步确定影响系统行为的内部要素。为了了解内部要素是如何影响到系统行为的，需要对内部要素之间的因果关系进行分析，系统动力学构建的因果关系是复杂的、非线性的，而且是有反馈性的，即原因影响到结果，结果又会反过来影响原因。因果关系分析是建立系统动力学模型的关键步骤和基础，因果关系合理与否，会直接影响到分析的效果和决策的科学性。因果关系建立之后，加入极性，就可以构建因果关系图。

④建立系统动力学流图。在上一步骤虽然定性地分析了影响系统行为的各要素之间的因果关系，但是这种定性分析无法准确地描述复杂经济系统的结构和行为，需要在变量之间进一步确定数量关系，并建立系统流图。流图不仅反映了变量之间的因果关系，更清晰地显示了系统变量之间的定量关系，为计算机仿真提供了基础和条件。

⑤计算机仿真和结果分析。由于流图中包含了变量之间的数量方程式，因此就可以将模型输入计算机进行仿真，首先可以判断和检验构建的模型是否有效，对模型的不足之处可以进行修正，使其更加符合现实系统的行为特性。其次可以根据仿真结果对系统行为的演化特性进行深入分析，为政策的制定提供科学依据。

系统动力学建模过程实际上也是一个完整的反馈回路过程。

### 2.1.5 系统动力学建模方法——流率基本入树法

系统动力学建模方法是一种结构性建模方法，通过构建因果关系图和流图建立系统动力学的结构模型，然后通过变量之间的数量方程式建立方程模型。传统的建模方法是从分析系统实际情况出发，通过系统分析，建立流位流率系，逐步添加变量枝而累加成一个复杂的流图结构模型，但是这种复杂的流图结构模型是如何添加而成的，很难清楚表述，反馈环的计算也有很多方法，很多建模者无法清楚地计算到底有多少反馈环，这些反馈环是如何变化的也很难完全解释清楚。

贾仁安等（1988）创立了流率基本入树建模法。该方法以还原论的思想为指导，将图论中生成树原理应用于动态复杂系统的反馈结构分析。基本做法是先将研究的整个系统按研究目的划分为一个一个的子系统，然后设定每个子系统内部的流位、流率、辅助变量，$\{(L_1(t),R_1(t)),(L_2(t),R_2(t)),(L_3(t),R_3(t)),\cdots,(L_n(t),R_n(t))\}$。然后，抓住系统反馈结构变量中最基本的流率变量，对于每一个流位流率对，建立以流率变量 $R_i(t)$ 为根，以流位变量 $L_i(t)$ 为尾的，且流位变量直接或通过辅助变量控制流率变量的流率基本入树，用一组以流率变量为根的树模型来刻画系统内各变量的因果关系。最后，引入嵌运算构建系统网络存量流量图（钟永光等，2009）。

本书也将采用这种流率基本入树法来构建系统动力学的基本模型。

## 2.2 供应链绩效评价理论

### 2.2.1 供应链的定义

供应链（Supply Chain）这个术语最早是由 Houlihan（1985）提出的，但是在关于供应链管理的相关文献中，关于供应链的定义并没有一个统一的说法，各个学者给出的精确解释有所不同。

Forrester（1961）认为通过信息网络而相互连接起来的五种经济活动构成了一种叫做“供应链”的系统，而这五种经济活动包括资金、订单、物料、人员及设备。在 Forrester 教授的这个定义中，可以看到供应链上不仅仅是物料的流动，还有资金等的流动。

Lee and Billington（1993）认为供应链是由一个供应商、制造商、分销商、零售商及顾客构成的系统，在该系统中，物料从供应商流动到下游的客户，而信息流则在两个方向传播。这是目前较为广泛接受的一个关于供应链的定义。从这个定义中我们可以看到，供应链是一个由多个节点企业组成的网络，在这个网络中，既有物资的流动，也有信息的流动，物资的流动是从供应商到最终的消费者手中，而信息的流动是双向的，除了物资和信息的流动，还有资金流的运动，物资从上一个节点企业转移到下一个节点企业，都不可避免地有资金的交换和转移。总而言之，供应链是物流、信息流和资金流的运动。

Lambert et al.（1998）定义供应链是从原料供应商到终端客户的关键业务流程的整合，提供产品、服务和信息，最终增加顾客和其他利益相关者的价值。在这里，一条供应链包括了所有从供应商到最终用户的价值链流程。在供应链中，每一个参与企业为增加顾客价值而努力，这是很关键的。

我国的《物流术语》中，对供应链的定义是：供应链是生产及流通过程中，涉及将产品或服务提供给最终用户活动的上游与下游企业所形成的网络结构。

这些定义的共同点是：都认为供应链是物流、信息流等通过流经路径连接起来构成的系统。

### 2.2.2 供应链管理

（1）供应链管理的定义

供应链管理的概念最早提出于1982年，Keith Oliver和Michael Webber在《观察》杂志上发表了《供应链管理：物流的更新战略》，首次提出了“供应链管理”。值得注意的是，贸易全球化以及技术和市场的复杂性加剧了竞争，以及JIT等生产理念的兴起并开始占据主导地位，极大促进了供应链管理及其核心概念的演变。在1990年左右，学术界深入探讨供应链管理与传统物流管理的区别（蒋长兵，吴承健，2006）。对于供应链管理的含义，不同的专家和学者仍有不同的表述。美国物流协会认为供应链管理是以提高企业个体和供应链整体的长期绩效为目标，对特定企业内部跨职能部门边界的运作和在供应链成员中跨企业边界的运作进行战术控制的问题。

目前大部分的学者都认可供应链管理不仅仅是物流管理的理念，还应该包括组织间的协调活动和业务流程的整合过程。例如Hanfield等将供应链定义为确保从原材料到最终消费者整个过程中所发生的与物流和信息流相关的所有活动，而供应链管理则是为获得持续的竞争优势，在供应链关系的基础上种种活动的整合。

《中华人民共和国国家标准物流术语》给供应链管理下的定义是：利用计算机网络技术全面规划供应链中的商流、物流、信息流、资金流等并进行计划、组织、协调与控制。

从这些概念中，可以看到供应链管理是围绕着把供应商、制造商、经销商、消费者等有效率地结合成一体来展开活动的，强调用系统的方法来进行供应链管理。

（2）供应链管理的特点

供应链管理从20世纪80年代被正式提出之后，已经迅速发展成为一种新型的管理方式，致力于成员之间合作关系的建立，与传统的管理方法相比，它具有如下特点：

①顾客满意是所有成员企业的共同目标

供应链中的顾客导向是指供应链专注于客户以及满足客户需要的程度，将优先考虑通过供应链上企业的合作为顾客提供优质的产品和服务。Deshpande et al.（1993）强调客户利益优先于其他利益相关者的利益。无论供应链管理的定义是如何的多样化，顾客满意是整个供应链的共同目标。供应链管理关注的重点已经从物流管理转向了需求驱动价值，只有顾客满意了，顾客需求才会增长，从而提高整个供应链绩效。所以说，通过加强供应链管理，降低供应链产品的单位成本，缩短研发时间和交货时间等，快速反映顾客需求并提高顾客的价值，才能让供应链以及成员企业在激烈的市场环境中获得竞争优势，并最终获利。

②借助先进的信息技术实现供应链管理目标

要实现供应链管理目标，很重要的一点就是要在供应链的成员企业之间建立良好的沟通平台，沟通平台的创建在很大程度上取决于信息技术。供应链是一个复杂的网络结构，包含了很多的成员企业，若没有先进的信息技术，是很难对整个供应链进行业务流程的安排和协同管理的。借助先进的信息技术，如商品条码技术、电子订货系统、电子支付系统等，供应链成员企业能及时获得信息，并给予及时的响应，从而缩短整个供应链的响应时间，更好地满足顾客的需求。

③供应链成员企业之间发展密切、合作、互惠和信任的关系

要应对复杂多变的市场经济环境，靠单个企业自己的努力是无法实现的，需要通过供应链实现跨企业的合作。成员企业之间需要密切合作，相互信任，在整个供应链范围内建立协作伙伴关系，不能单方面追求自身利益最大化，要互利互惠。从长远发展来看，只有供应链整体绩效提高，各成员企业才能有可持续的发展能力和竞争能力。要发展合作共荣的关系，实现信息共享是关键。供应链应建立信息共享机制和共享数据库等，信息共享是构建无缝供应链的关键（Spekmanet al.，1994；Towill，1997）。

总之，供应链管理使供应链成员企业之间建立战略联盟关系。借助先进的信息技术和实时的信息共享，将顾客需求信息在供应链上传递，使得每个成员企业都能及时地根据顾客需求信息调整自己的生产计划和库存策略等，尽量减少库存量和资金占用，缩短物流周转期，提高整个供应链的效率。

### 2.2.3 供应链绩效

在朗曼词典中，绩效（Performance）是指正在进行的某种活动或者已经完成的某种活动，因此绩效既可以看作是一个过程，也可以看作是该过程产生的结果。将这个解释拓展到供应链绩效，那么供应链绩效（Supply Chain Performance）是指供应链运作过程和运作结果（吴志华，2008）。根据上面的论述，供应链既有物流也有信息流和资金流的流动。对于物流的流动来说，供应商提供原材料、制造商生产出产成品、经销商将制造商的产成品卖给最终的消费者，这个过程既是实物的流动，同时也是价值不断增值的过程。对于信息的流动，也就是信息在供应链成员之间进行传递和共享，使链上成员都能及时把握顾客需求变化，进而迅速做出调整，并与上下游企业在物流管理、生产操作、市场营销、顾客服务、信息开发等方面进行沟通与协调之后产生的价值总和就是供应

链绩效。

Zokaei and Hines（2007）认为，供应链绩效是二维的，由有效性和效率构成。简单地说，效率是正确地做事，而有效性是做正确的事。供应链的有效性是顾客满意度方面的衡量（Zokaei and Simons，2006a）。供应链效率与各个流程的绩效有关，是供应链消耗的资源的倒数（Hewitt，1994）。有效性可通过增强价值主张得到改善，例如为满足消费者的需要可以在产品中添加新的功能，或根据最终消费者的具体要求更改供应链设置。另一方面，可通过减少浪费改进效率，有人认为，供应链效率视价值主张的整体有效性而定。通过文献可以看到，很多供应链着重关注效率的提高，如降低供应链成本、产能的最佳利用，及时完整交付，减少存货。很明显，这样的改进会给顾客满意度和供应链有效性带来正向影响。例如，JIT应用程序可以同时降低库存成本和提高交付。尽管对更有效的供应链的需求在增加，然而只关注减少浪费是不够的，如丰田这样成功的供应链已经设计了为最终买家提供卓越价值的方法，但是事实上，一些人认为，丰田生产系统的主要目的是要提高消费者的满意度和服务水平，而不是削减成本。现有文献研究表明，供应链的改善仍专注于效率的提高，因为他们的主要目标就是基于时间的竞争、现金周转时间、基于质量的竞争和基于成本的竞争，很少有文献将重点放在增强顾客满意度上。Mentzer et al.（2001）认为，供应链管理作为一个综合性的管理范式，指导供应链上所有企业重点发展创新能力，这种能力是为顾客创造个性化价值的来源。在这样的背景下，理解顾客属性和共同追求顾客满意度的提高对于成功的供应链管理来说是必要的。因此，在对供应链绩效进行评价时，要注意既要对供应链效率进行评价，还要关注供应链的有效性问题，供应链的有效性能提高顾客满意度，这是目前供应链管理的重要方向。

### 2.2.4　供应链绩效评价

（1）供应链绩效评价的概念

供应链绩效评价是指围绕供应链管理的目标，对供应链各环节的运行效果和状态、各环节的协作效率，以及供应链的整体效率等所进行的评价。

供应链绩效评价是对供应链整体运营状况和供应链节点企业之间运营关系以及供应链节点企业的运营状况进行的综合评价，其最终目的不仅是要获得供应链或企业的运营状况，更重要的是为供应链管理体系的优化提供科学的依据。

（2）供应链绩效评价的作用

①通过供应链绩效评价，可以让供应链的节点企业更明确自己在供应链中的位置和作用。供应链的绩效评价，要对节点企业进行定位，并要考核节点企业与其上下游的关联企业之间的协作关系。在绩效评价体系的构建和实施过程中，由

于要与节点企业进行充分沟通，所以能帮助节点企业准确定位，明确自己在供应链中的责任是什么，如关联企业之间是什么样的协作关系。通过明确定位，可以帮助节点企业更准确地制定适合它们自己的战略目标，并通过绩效评价，促使其战略目标与供应链总体目标保持一致。

②通过供应链绩效评价，可以充分激励节点企业。绩效评价的一个重要目的就是通过评价来激励被评价对象，依据绩效评价的结果，可以对运行状况较好的企业进行激励，充分肯定其努力的成果，并鼓励其为供应链整体绩效的提升做出更多的贡献和努力。

③通过供应链绩效评价，可以客观地评价供应链运行的整体绩效。供应链绩效评价既包括对节点企业的评价，也包括对供应链整体绩效的评价。所以通过评价可以清楚地看到供应链运作的整体绩效，反映整条供应链在应对环境变化和其他各种不确定因素变化的情况下及时调整的能力，并通过与竞争供应链的整体绩效的比较，使决策者更明确自身所在供应链总体绩效与竞争者供应链相比是否存在优势，如果有差距，那么差距具体体现在哪里，从而可以有针对性地进行调整，以提高供应链整体竞争能力。

总之，供应链绩效评价是对供应链整体运营状况和供应链节点企业之间运营关系以及供应链节点企业的运营状况进行的综合评价，其最终目的不仅是要获得企业或供应链的运营状况，更重要的是优化供应链的业务流程，为供应链管理体系的优化提供科学的依据。

## 2.3 供应链绩效动态评价模型概念界定

### 2.3.1 供应链绩效动态评价的概念

（1）绩效动态评价的发展

绩效评价包括静态的绩效评价和动态的绩效评价。静态的绩效评价是指对被评价对象的活动的运作结果进行评价，比如说对企业的盈利能力进行评价。这种绩效评价模式是传统的绩效评价模式，但是只能直观地反映评价对象的现在状况，并不能对评价对象未来的发展做出趋势性的预测和分析。动态的绩效评价指的是对评价对象的活动和过程进行的评价，绩效评价模式从静态模式转向动态模式，是适应环境的需要，具体来说，绩效评价模式转向动态评价主要是市场环境变化、计算机及信息技术的发展的影响。

①市场环境变化的影响

众所周知，企业的外部环境和内部环境在不断的变化，在迅速变化的市场环境中保持竞争优势，在20世纪90年代以后，许多革新人士提出将绩效评价作为创造适应能力的手段，目的是使得企业能发展动态能力，以保持竞争力。在这个阶段，不仅绩效评价的概念和实践根据新的情况发展了，而且现有的管理理论、实践等正被质疑其与动态环境的相关性（Davidson，1996；Naisbitt，2006）。

绩效评价的属性其实是解决不确定的手段，Chenhall（2003）建议企业应重新设计其绩效评价系统，使其更加开放、互动、关注外部环境和非财务指标。Kennerley and Neely（2003b）也提供了一个在不断变化的环境中如何管理绩效评价系统的框架。他们建议为了保证相关性和有效性，必须动态地管理绩效评价。所以说，竞争的压力和强度迫使企业开始选择一些能导致企业在新的竞争环境中取得成功的非财务性的价值驱动因素来进行绩效的评价。这些变化已经影响了绩效评价系统的设计和实施。因此，非财务因素基础上的竞争意味着企业不仅需要扩大信息的广度和深度，而且还激活了信息评价和管理的动态循环。

Bititci et al.（2000）解释了为什么绩效评价系统要保持动态性。他们断言，动态性对于感受和回应企业内部和外部环境变化是非常重要的。因此，Bititci et al.（2000）提出动态绩效评价系统应该具备：

a）外部监控系统，进行持续监控和对外部环境变化发出信号。

b）内部监控系统，进行持续监控和对企业内部环境变化发出信号。

c）审查制度，为决策制定提供充足的信息。

d）内部资源配置系统，根据修订后的战略目标配置资源，以及重点对系统中的关键元素配置资源。

②计算机和信息技术发展的影响

计算机和信息技术的应用可以促进绩效评价的动态发展。绩效评价的动态性就是信息的模拟、发展和更新的不断循环，以支持决策的制定和日常工作。尽管在20世纪70年代数字化数据管理及相关技术对绩效评价的动态性提出了更高的要求，但是直到80年代，电脑化成为传递绩效评价的动态性，以不断捕捉、存储、评价、解释、可视化信息和数据的技术手段。为了迅速地回应客户的需求和竞争对手的变化，要求信息在最短的时间内及时做出调整。信息技术的发展为绩效评价提供了手段，使其可以在短时间内做出评价，并且可以动态地模拟绩效的发展趋势。

综上所述，由于环境的变化和信息技术的发展，绩效评价模式已经从静态转向动态，通过绩效的动态评价，可以帮助企业快速响应客户需求、不断创新产品和服务，从而与竞争对手形成差异化。

（2）供应链绩效动态评价

供应链的绩效既可以是静态的，也可以是动态的。根据上面对静态绩效评价和动态绩效评价的概念界定，可以推导出供应链绩效静态评价指的是对供应链运作的结果的评价，而供应链绩效动态评价指的是供应链运作的活动和过程进行的评价。供应链绩效评价更注重的是动态评价，因为在当前复杂多变的市场环境下，供应链随时需要根据市场的变化及时做出调整，使得供应链能持续地保持竞争优势。因此，供应链的动态绩效更能表明供应链运作过程的合理性和有效性，以及应对变化的调整能力。供应链动态绩效的评价是供应链绩效评价的重点和主要方向。

### 2.3.2　供应链绩效动态评价模型的基本概念

真实系统比较复杂而且范围和边界较大，为了更好地对真实系统的行为和结构进行理解和研究，需要借助模型。模型是以真实系统为基础，根据历史经验、技术方法等构建的模拟真实系统的结构。通过模型的构建，更容易反复地研究、观察和演示系统的行为，用较少的费用和时间就能洞察真实系统的行为。所以，模型是进行真实系统研究经常采用的方法，各类建模技术成为描述真实系统的描述方法。模型的类型有多种，其中定量模型是应用最为广泛和普遍的一类模型，通过构建系统要素之间的数量关系来解析系统的特征。定量模型可以进一步分为数学模型和仿真模型。数学模型是用数学表达式来描述系统的输入与输出之间的规律，这类模型对数据的精度要求较高，追求模型的最优解。但是真实系统由于较为复杂和模糊，很难找到精确的数据，而且对系统行为的认识也不是为了追求最优解，而是希望对系统行为的特征和演化特性进行深入剖析，了解系统随环境变化的运动规律，为政策的制定提供科学依据。所以，数学模型在对真实系统的研究上存在一定的局限性。定量模型中的另一类模型是仿真模型，是采用逻辑的手段对系统进行描述，并将系统内部的逻辑关系转换成计算机程序之后，借助计算机的运行对系统进行剖析。这种模型正好可以解决数学模型在研究真实系统上存在的局限性。仿真模型是模拟真实系统的运动，对影响系统行为的一些非关键因素来说不需要非常精确的数据，只需要一个合理范围内的大致取值，就可以基本模拟出系统行为的演化特性。所以，比较而言，仿真模型是有优势的。

对于供应链绩效评价模型，由于供应链系统的动态性和复杂性等特点，也无法建立精确的数学模型去研究供应链绩效的运动规律，所以建立仿真模式是比较合理的选择。在仿真模型中，系统动力学模型应用比较广泛，因此选择建立供应链绩效评价的系统动力学模型。

供应链绩效评价模型，是指如何依据供应链的绩效战略目标划分而形成能进行度量的供应链指标体系。在供应链绩效评价中常用的模型有平衡计分卡模型、供应链运作参考模型、物流计分卡模型等。

在供应链管理过程中，必然会面临很多的不确定性问题，这也是影响供应链绩效的重要原因。因此，为了提高供应链绩效，就需要在供应链节点企业内部和供应链上各节点企业之间将活动和进程在一定程度上协调，以减少不确定性，从而为顾客提供更高的价值。要减少不确定性，就要求建立不同进程、阶段和组织的决策变量间的相互依赖关系，这些关系可能随着时间改变，并且很难解析。但是，系统动力学的仿真提供了灵活的手段来模拟动态复杂的网络。本书基于系统动力学建立的供应链绩效评价模型就是运用仿真的手段模型系统的运行，找出供应链绩效变化的关键影响因素，并对供应链绩效的演化趋势进行仿真，动态地评价了供应链绩效。因此，本书界定的供应链绩效动态评价模型就是指基于系统动力学的原理构建的供应链绩效评价指标体系，并明确指标之间的因果关系和数量关系，运用仿真方法动态地评价供应链绩效。

总之，供应链绩效评价的系统动力学模型是定性分析和定量分析相结合的模型，最终反映为指标之间的数量关系，所以是可以用系统仿真方法去评价供应链绩效的模型。

## 2.4 本章小结

本章主要阐述了系统动力学和供应链绩效评价的基本理论，并进一步界定了供应链绩效动态评价模型的概念和构建方法。

①系统动力学在研究社会系统问题上具有一定的优越性。社会系统是人类社会活动的系统，目前研究的社会问题或经济问题基本都属于社会系统内的问题。社会系统是个大系统，系统边界很长，系统内的因果关系非常复杂，存在非线性特征，而且社会系统中的现象和原因在时间和空间上都不是紧密联系的，这些特征加大了社会系统的研究困难。系统动力学以系统思考理论为基础，以计算机仿真技术为手段，很适合解决高阶、非线性、动态的系统问题，所以在研究社会系统方面具有其他方法不可比拟的优越性。

②供应链绩效评价要从静态模式发展到动态模式。由于企业所处外部环境的变化，导致供应链的绩效进行评价时也要从静态模式发展到动态模式，随时应对环境的变化，所以供应链绩效的动态评价是更有价值和意义的。本书对供应链绩效动态评价和动态评价模型的概念进行了界定，为后续章节的论证奠定了基础。

# 3 现有供应链绩效评价模型介绍及局限性分析

关于供应链绩效评价模型，已经有学者从不同的角度和思路构建了很多的模型。这些模型有一定的适用范围和特点，为后人的研究奠定了良好的基础，但是不可否认的是，现有的这些模型并不能很全面地评价供应链绩效。因此，本章将介绍几种主要的供应链绩效评价模型，并分析这些模型存在的不足之处，以此提出本书构建供应链绩效评价模型的思路和方法。

## 3.1 供应链运作参考模型

### 3.1.1 供应链运作参考模型的产生

Stewart（1995）报告说，Pittiglio、Rabin、Todd和McGrath（PRTM）创造了一个关于供应链的综合绩效评价指标体系。这个综合的绩效评价指标体系包含了交货、灵活性和响应能力、物流成本及资产管理这四方面的指标。这被认为是第一个客观研究最佳实践与定量绩效成果之间关联性的框架。

在PRTM创建的供应链综合绩效衡量指标的基础上，为了更好地指导不同行业的企业实施供应链管理，1996年，两个咨询公司——Pittiglio Rabin Todd & McGrath（PRTM）和AMR Research（AMR）在1966年牵头成立了供应链理事会（Supply Chain Council，SCC）。SCC成立之后，将PRTM的供应链管理标准扩展为供应链运作参考模型（SCOR）（Stewart，1997）。SCOR是第一个跨行业的框架，对标准流程进行了界定，并提出最优的业绩标准，使企业能与其他企业进行比较，明确自己的差距，找到绩效改进的途径，从而最终促进供应链绩效和管理。供应链运作参考模型的结构如图3-1所示。

如图3-1所示，在每一个供应链的节点上，都将业务流程划分为五个基本流程，将在下一节着重介绍这五个标准流程。

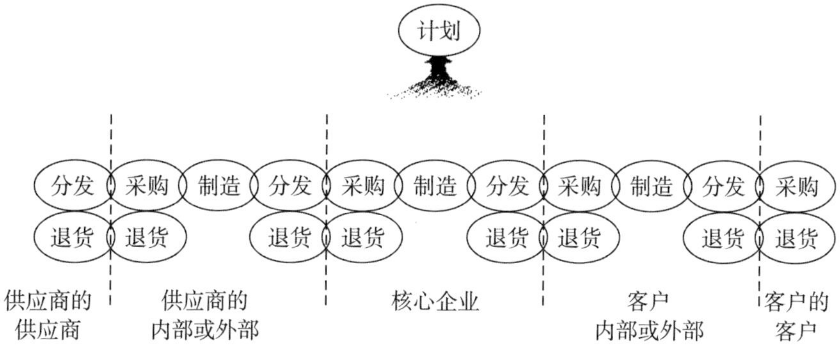


图 3-1　供应链运作参考模型的结构

## 3.1.2　SCOR 模型的基本理念

SCOR 模型主要包括以下内容：①管理流程的基本描述；②标准流程之间的关系的框架；③评价流程绩效的标准指标；④产生最佳绩效的管理实践；⑤软件特征和功能的标准比对。

在此内容基础上，SCOR 模型的理念如图 3-2 所示。

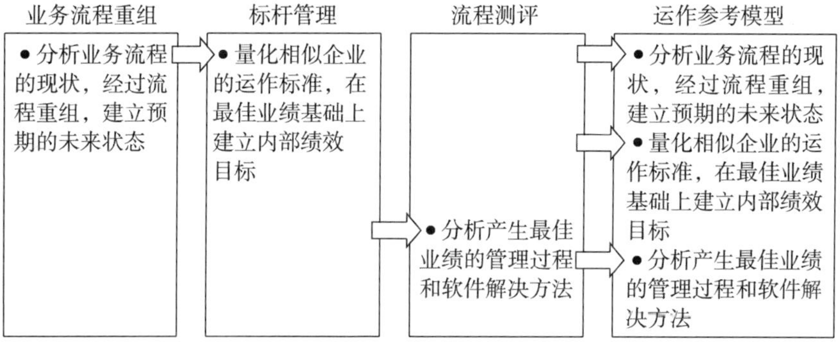


图 3-2　SCOR 模型的理念

图 3-2 中解释 SCOR 应用的基本操作流程。这一模型不是仅仅对供应链绩效的简单评价，而是寻求供应链绩效优化的流程和途径。所以，首先在对业务流程现状分析的基础上，进行流程重组，然后以最优运作标准为基础建立供应链内部绩效目标，最后分析比对产生最佳业绩的管理过程。

## 3.1.3　SCOR 模型的层次

根据 SCOR 模型构建的理念，SCOR 模型按标准流程把供应链分为定义层、配置层、流程元素层等几个层次，每一层的每一个过程都有明确定义的业绩表现衡量指标和最佳业务表现。SCOR 模型包括以下三个层次：

①SCOR 模型的第一层是定义层，主要是将供应链的整个流程定义为五个基

本流程：计划（Plan）、采购（Source）、生产（Make）、发运（Deliver）和退货（Return）。供应链上的节点企业的业务流程都是按照这五个流程进行流程重组。它定义了供应链运作参考模型的范围和内容，企业通过对第一层SCOR模型的分析，可做出基本的战略决策。

②SCOR模型的第二层是配置层，提供了可能构成供应链的30个核心流程范畴，企业可以根据需要为自己的产品选用配置层中提供的标准流程单元构建自己的供应链。

③SCOR模型的第三层是流程分解层，是对配置层给出的核心流程提供流程元素的细节，主要是为改进其供应链提供更具有操作性的信息。

SCOR模型在每一层次都设置有绩效衡量指标，主要从五个方面进行绩效评价：配送可靠度、反应能力、柔性、总成本和资产管理，指标可以进行逐层分解。通过第一层指标的计算企业可以衡量自己的组织运营是否达到了所设定的市场竞争目标。

SCOR模型的局限性之一在于它并没有提供确定指标优先顺序的系统方法。针对此问题，近年来，有些研究人员试图将其与一些决策制定工具，如层次分析法结合起来使用，当然也有很多人质疑这种结合是否是选择指标的最好技术方法。总之，大家已经广泛认同供应链绩效评价系统的设计应该采用系统的、平衡的方法。

## 3.2 供应链平衡计分卡模型

平衡计分卡是一个综合评价企业长期战略目标的指标评价系统，主要从四个角度评价企业的绩效：财务、内部流程、顾客、学习与成长。这四个角度之间的关系如图3-3所示。

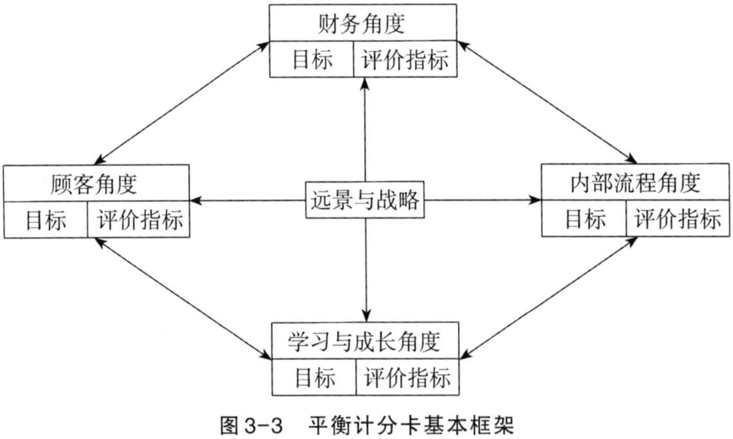


**图3-3 平衡计分卡基本框架**

从这个基本框架图中可以看出，企业要实现其战略目标，必须将其进行分解，四个角度的指标之间具有线性的因果关系。

随着供应链管理理论的不断发展，越来越多的学者将平衡计分卡的方法运用到供应链的绩效评价中。Kleijnen利用平衡计分卡来对供应链绩效进行评价，从财务、顾客、内部流程、学习与创新四个角度来全面衡量供应链绩效。其中：财务角度指标显示企业的战略及其实施和执行是否正在为供应链的改善做出贡献；顾客角度指标主要衡量顾客的需求和满意程度；内部流程角度指标显示企业的内部效率；学习与创新角度显示企业未来成功的基础。

马士华等（2000）以平衡计分卡作为基础，建立了供应链绩效评价四个角度的评价指标：①客户角度。选择的评价指标主要有供应链订单完成的总循环期、客户保有率、客户对供应链柔性响应的认同、客户价值、客户销售增长及利润。②内部流程角度。首先将供应链的内部流程划分为改良创新、经营过程和客户服务过程。改良创新过程的评价指标主要有新产品在销售额中所占的比例、比原计划提前推出新产品的时间、开发下一代新产品的时间、第一次设计出的全面满足客户要求的产品百分比。经营过程的评价指标有供应链有效提前期率、供应链生产时间柔性、供应链目标成本达到比率、供应链运作质量、完美订单完成水平。③学习与成长角度。选择的评价指标有新产品开发循环期。④财务角度。选择的评价指标有供应链资本收益率、现金周转率、供应链总库存成本、供应链的库存天数。

所以说，平衡计分卡在供应链绩效评价中的应用还是比较广泛的。

## 3.3　ROF评价模型

Beamon（1996）通过梳理文献，发现当时对供应链绩效的衡量主要都是采用单一指标，如成本指标或时间指标，单一指标评价是不够全面的，忽视了一些重要的战略目标。Beamon认为影响战略目标的三个关键因素是资源（Resources）、输出（Output）和柔性（Flexibility）。每个因素都是供应链成功的重要影响因素，因此供应链的绩效评价就应该包含对这三个因素的评价，以此来建立供应链绩效评价模型。这三类指标都有不同的目的，具体分析见表3-1。

从表3-1可以看出，资源（Resources）的评价主要是衡量效率水平，输出（Output）的评价反映了顾客服务水平，而柔性（Flexibility）的评价则反映了应对环境变化的响应能力。

Beamon建立的ROF模型从三个类别中分别选取评价指标，构成了供应链绩效评价模型。这三类指标具体分析如下。

表3-1　　ROF模型评价指标的目标比较

| 绩效评价类别 | 评价目标 | 评价目的 |
| --- | --- | --- |
| 资源(Resources) | 资源使用的高效率 | 高效的资源管理是实现盈利的关键 |
| 输出(Output) | 顾客服务的高水平 | 如果没有可接受的输出水平,顾客就会转向其他供应链 |
| 柔性(Flexibility) | 有能力对变化的环境响应 | 在一个变化的环境中,供应链必须能够对变化做出响应 |

### 3.3.1　资源（Resources，R）

资源（Resources，R）的测度包括：库存水平、人员要求、设备利用率能源消耗和成本。资源的评价一般用最低需求（量）或一个复合的效率指标。资源过少会对输出和系统柔性产生负面影响，但配置过多的资源又会人为地提高系统的需求。供应链管理的总目标之一就是资源最少化。供应链的资源评价主要有以下一些指标：

①总成本（Total Cost），即所耗费资源的总成本。

②分销成本（Distribution Costs），即分销的总成本，包括运输成本和处理成本。

③制造成本（Manufacturing Cost），即制造总成本，包括劳动力成本、维护和返工成本。

④存货成本（Inventory Cost），即与持有存货有关的成本，包括存货投资（持有存货的投资价值）、存货跌价损失（过期存货或腐烂变质存货的成本）、在产品成本和产成品成本。

⑤投资回报率（Return on Investment，ROI），评价企业的盈利能力。

### 3.3.2　输出（Output，O）

输出（Output，O）的测度包括：顾客响应、质量和最终产品的产量。输出方面的评价指标有些是定量指标，如生产的产品品种数、生产某一产品所需的时间等。但是，也有些指标是定性指标，如顾客满意度、产品质量等。输出测度指标不仅要符合组织的战略目标，而且必须对应于客户的目标和价值观，因为战略目标通常也需要满足顾客要求。

常用的输出方面的评价指标主要有：销售收入、利润、订单满足率、准时交货率、延迟交货、客户响应时间、制造前置时间（表示制造某一特定产品花费的时间）、运送错误、客户抱怨等。

资源会影响输出（质量、数量），而供应链系统的输出对于确定系统的柔性是非常重要的。所以，这三类指标是互相影响的。

### 3.3.3 柔性（Flexibility，F）

柔性可以测量供应链系统在应对供应商、制造商和顾客在数量和进度发生波动时的适应能力。柔性对于供应链系统来说是至关重要的，因为供应链所处的环境存在很大的不确定性。Slack（1991）定义了两种类型的柔性：范围柔性（Range Flexibility）和反应柔性（Response Flexibility）。范围柔性是指操作可以改变到什么程度。

柔性供应链系统可以减少延期交货的比率、减少销售损失数。

Beamon建立的ROF体系从影响战略目标的三个关键因素即资源、输出、柔性入手来建立供应链绩效评价模型。

## 3.4 其他模型

### 3.4.1 物流计分卡模型

物流计分卡（The Logistics Scorecard）由国际物流资源公司（Logistics Resources International，Inc.）开发，这一模型主要是从物流的角度对供应链的绩效进行评价。这个模型使用的绩效评价指标主要包括物流财务绩效指标、物流生产率绩效指标、物流质量绩效指标和物流循环时间绩效指标。例如，可以选择投资回报率作为物流的财务绩效指标。物流的生产率绩效可以用运输工具利用率等指标评价。物流质量绩效指标要反映物流质量的衡量，可以采用运输损毁率等这样的指标。而物流循环时间绩效表明各种物资资源或物流活动的循环时间的长短，运输时间等可以作为衡量指标。物流计分卡模型由于聚焦于物流活动的绩效，因此不能称为完整的供应链绩效评价模型，但是可以作为供应链绩效评价模型的子系统存在。

### 3.4.2 经济增加值模型

经济增加值（Economic Value Added，EVA）是由美国Stern Stewart咨询公司于20世纪80年代提出的，因为当时的企业评价主要集中于短期的财务绩效（如每年或每季度的利润和税收），而很少考虑股东的长远利益（如人力资源培养、新产品开发等）。为了弥补传统方法的缺陷，一些财务分析家提倡预估企业的投资回报率和经济价值增值 。

EVA是指企业资本收益与资本成本之间的差额，也就是指企业税后营业净利润与全部投入资本（借入资本和自有资本之和）成本之间的差额。EVA最大的特点就是从股东角度重新定义企业的利润，考虑了企业投入的所有资本（包括权益资本）的成本。EVA指标的设计着眼于企业的长期发展，鼓励经营者进行能给企业带来长远利益的投资决策。

EVA是评价企业经营业绩和考核企业资本保值增值的核心指标，企业追求其净利润大于权益资本利润。

EVA模型从财务角度强调组织或供应链的投资回报率及经济增加值，然而当EVA被用来评估供应链整体绩效及股东的长期价值时，EVA模型指标却能力不足。因此，本书认为EVA模型更适合于供应链绩效的财务评价，作为战略级评价的支撑技术较为合适。

### 3.4.3 基于作业成本模型

基于作业成本模型（Activity-Based Costing，ABC）是一种基于价值链分析的成本模型，由Michael Porter于1985年提出。这种绩效评价模型主要是针对供应链的成本绩效进行评价，是利用作业成本法在成本分配和计算上的优点，将业务流程分解为若干个作业，根据作业消耗资源，产品或成本对象消耗作业的基本理念，将消耗的资源更精确地分配到产品和其他的成本对象上。由于作业成本法在成本计算上的更高精确性，所以使用ABC模型让组织或供应链能更精确地评估某一个特定顾客或面向某一市场特定产品的成本。

在供应链绩效评价中采用ABC模型使得供应链绩效评价指标更好地与业务流程及活动的人力、材料、设备等资源相联系，精确评估供应链业务流程的生产率和成本。这种评价模型也可以用于供应链产品开发、基于价值增值等供应链管理运作新模式的需要。

ABC模型能更精确地测量业务流程中活动的人力、材料和设备使用成本。ABC模型在供应链绩效评价中的应用，也存在很多缺点。从本质上来说，这种模型并不是完整的供应链绩效评价模型，只是基于业务流程的财务绩效评价，所以可以用这种模型为供应链财务绩效的评价提供基础数据，却不适合供应链其他维度绩效和供应链整体绩效的评价。

## 3.5 现有供应链绩效评价模型的不足

前面章节介绍了目前比较流行和有影响力的供应链绩效评价模型，这些评价模型从不同的视角研究了如何对供应链绩效进行评价，这些研究成果是有很强的研究价值和借鉴意义的。但是，这些模型都不能全面地对供应链绩效的关键影响因素和这些关键因素的驱动变量深入系统地研究，限制了模型的评价效果。具体来说，这些模型主要存在以下几方面的局限性。

### 3.5.1 指标体系设置不完整

现有的这些供应链绩效评价模型都从一定的视角和角度来设置了一套绩效评价指标，这些评价指标的种类也比较多，既有定性指标，又有定量指标，既有财务维度指标，又有整体运营状况的指标。但是这些绩效评价的指标设置依然不够全面，没有用系统思考的角度来设置指标，也就是说没有完全结合供应链系统的特点和供应链管理目标来完整系统地选择指标，不完整不系统的指标就无法对供应链的绩效进行全面综合的评价，只能是侧重在供应链某一方面的绩效的评价。

### 3.5.2 指标体系缺乏动态性

供应链及其绩效有一个重要特征就是动态性，特别是在全球市场环境迅速变化的状况下，供应链面临的不确定性增加，因此为了应对环境变化，供应链管理要有一定的动态性，及时根据情况的变化做出调整，从而更好地满足顾客的需求。第2章介绍的这些供应链绩效评价模型的评价基本都是对供应链运作结果的评价，是一种事后评价，因此评价结果滞后，对供应链管理无法提供更有价值的信息，使得供应链绩效评价与供应链管理无法有效地结合，限制了供应链绩效评价的作用发挥。

### 3.5.3 绩效评价方法缺乏仿真性

由于供应链绩效是动态的，那么供应链绩效评价也应该是一种动态的评价。通过动态评价，及时了解供应链绩效随环境变化的演化趋势。但是，要对供应链绩效进行动态评价，就必须采用动态和可仿真的绩效评价方法。但是现有的这些供应链绩效评价方法大多数是一种静态的、对某一时点的绩效的评价，不能反映一段时期内绩效的变化，若需要评价一段时期内的绩效，就需要做大量重复的工作才能实现。究其原因，就是评价方法不具有仿真性。仿真性是现有的供应链绩效评价方法大都只能量度一个时点的绩效，不能反映一段时期内的绩效，若需要评价某政策的实施在一段时间内的效益，则需要进行大量的重复工作。也就是说，现有的供应链绩效评价方法缺乏仿真性，不能对供应链的绩效进行仿真模拟。

### 3.5.4 不能解决供应链系统内部因素之间的非线性关系

新型供应链系统中，各节点企业内外部环境中均存在着很多很复杂的非线性关系，传统的研究方法对于这种高阶非线性的系统动态问题很难得出令人满意的结果，并且在某些情况下，还有可能加剧问题的恶化。而系统动力学作为综合了反馈控制理论、决策理论、系统分析的试验方法、系统思考、计算机仿真等理论和技术，可以处理高阶次、非线性、多重反馈复杂时的系统问题，并且可以对系统的结构以及其各功能之间的内在联系进行定量分析，确定系统的相关特性。因此，系统动力学可以通过仿真建模，模拟随时间变化的系统行为，最终找到解决系统问题的关键点。所以，系统动力学对于进行供应链的动态研究，是一种有效且可行的方法。

### 3.5.5 不能处理延迟问题

量的变化需要经过一段时间的滞后才能得到响应，这种现象称为延迟（贾仁安、丁荣华，2002）。延迟是社会系统非常普遍的现象，比如说员工培训费的发生会导致员工工作技能的提高，但是这种提高不是立刻就能实现的，和培训费的发生不同时，因为员工培训还需要一个过程，把培训学到的东西立刻用到现实工作中去也不能立刻产生效果，这就是延迟的影响。但是现有的一些绩效评价模型没办法解决这个问题，就会使评价结果不准确，严重的还可能给企业带来决策上的失误。

## 3.6 本章小结

目前在供应链绩效评价模型方面较为流行的模型主要有供应链运作参考模型（SCOR）、供应链平衡计分卡模型、ROF模型等，这些模型都从不同的侧面和角度评价了供应链绩效，是有一定的指导和借鉴意义的。但是，这些模型还是存在一些共同的问题，如指标体系缺乏系统性、动态性、不能处理延迟问题等，因此无法系统、动态、更有效地评价供应链绩效。

# 4 基于系统动力学的供应链绩效动态评价模型构建的可行性及基本思路

## 4.1 基于系统动力学的供应链绩效评价模型构建的可行性

### 4.1.1 供应链的系统动力学特性

通过前面对供应链系统的介绍，可以清楚地看到供应链本身就是一个复杂的系统，具有复杂性和动态性，因此需要用系统的观点来分析问题。

（1）供应链系统的动态性

供应链在其生命周期运作过程中具有明显的动态特性，由于市场的变化和不可预测性，当一个产品的生命周期结束的时候，相应的供应链体系就会瓦解，同时会根据市场的需求又组成新的供应链，因此供应链有一个很重要的特征就是具有供需过程不断变化和重构的动态性。当然，即使一个产品还处于生命周期内，也可能由于环境的变化等因素改变节点企业，如供应商的选择就可能会出现淘汰现在的供应商，并加入新的供应商这种情况，所以供应链上的节点企业也是变化和动态的。供应链管理是一种动态管理，例如供应链合作伙伴关系管理，由于经营的需要，合作伙伴以及合作机制不是应该随着情况和环境的变化及时做出调整，为此需要建立供应链的动态合作机制、动态的协调机制和动态的合同体系等，这些都体现出供应链的动态性。供应链的动态性增加了供应链管理的难度，系统动力学具有的动态性特点，使其在解决这类问题时得心应手。

（2）供应链系统的复杂性

首先，供应链上的节点企业在结构上是复杂的。供应链包含了供应商、生产商、分销商、零售商、消费者等成员，并且这些成员之间的关系或松散、或紧密，每个成员在供应链中的作用也是有区别的，在地理位置上也可能非常分散，由于包含了如此众多差异较大的成员，所以供应链在结构上很复杂。

其次，供应链各节点企业之间的利益关系是相互影响和复杂的。供应链上的节点企业有各自不同的利益，在追求个体利益最大化的情况下，有可能会影响整个供应链的绩效，比如说供应商将质次价高的原材料提供给了生产商，导致生产商生产出来的产品不但价格偏高，而且质量还没有保证，这样消费者就不再愿意购买这样的商品，使得生产商利益受损，生产商在收益下降、资金短缺的情况下有可能就要减少原材料的购买量，这样又反过来影响到原材料供应商的利益，生产商和供应商利益下降之后导致整体供应链的绩效下降。所以说，供应链节点企业的绩效和供应链的整体绩效是互相影响的，这种相互的影响使得供应链成为一个复杂的系统。此外，节点企业之间不仅仅有物流的交互，还有信息流和资金流的交互，使得互相之间的利益关系更为复杂。

最后，供应链面临的外部环境具有复杂性。供应链所处外部环境也面临着不确定性，供应链上各节点同样有各种的不确定性，例如生产商面临的不确定性有送货延迟、生产机器故障，分销商面临的不确定性有供货不及时、运输事故等，著名的“牛鞭效应”就是这种不确定性产生的后果。“牛鞭效应”指的是消费者需求具有一定的波动，在消费者的需求只有很小的波动，但在考虑到不确定因素的影响后，这个波动经过供应链中的零售商订单和分销商订单的层层放大，最终反映给生产商的生产计划时，已经和最初的需求相差很远，这种需求的放大问题带来了额外的库存，增加了供应链管理的复杂性。此外，供应链上的成员都是靠合同、契约或利益等联系在一起的，不是一个稳定的结构，供应链的成员进入和退出都会加剧供应链结构的不稳定性，这使得整个供应链系统更加复杂。

综上所述，由于供应链系统的结构复杂、利益主体多元化，以及不确定性因素影响等问题，使得整个供应链系统非常复杂，要协调供应链各利益主体的行为、减少不确定性因素的影响，最终实现供应链整体绩效的提高，必须有能解决这种复杂性问题的工具和手段。

（3）供应链系统的延迟性和非线性

首先，供应链系统是存在延迟性的。由于供应链的各个节点企业在地域上是分散的，使得从需求产生到下单、生产、配送货物、运输、入库等一系列活动都存在一定时间的延迟，并且由于供需关系本身也是动态的，需求多变而不确定，随时要根据市场的变化进行调节，如果供应链上的节点企业在信息共享和协同合作方面做得不够理想，无法及时地传递信息，相应的管理决策就会落后，可能导致延迟时间更长，加剧了各节点企业货物的积压或货物的短缺。

其次，供应链系统内部各要素之间的关系也不是简单的线性关系，很多都是非线性关系。要素之间的影响是复杂的，因为反馈关系使得要素相互作用、相互影响。

综上所述，供应链系统具有了动态性、复杂性、延迟性、非线性等系统动力学特性，因此可以利用系统动力学的方法和理论来研究供应链问题。

### 4.1.2 系统动力学研究供应链绩效评价的优越性

系统动力学的一个重要应用领域是社会系统。社会系统范围很广，凡涉及到人类的社会活动（包括经济活动）的系统都属于社会系统。供应链的绩效评价是对供应链系统进行的评价，这属于社会系统的范围，因此也可以运用系统动力学的方法来开展。结合社会系统的特点和前一章述及的传统供应链绩效评价模型的特点和不足，系统动力学在研究供应链绩效评价上存在下面几个优越性：

（1）解决时间延迟性

时间延迟是社会系统的普遍现象，系统动力学模型很擅长处理系统延迟问题，比如系统动力学中设置有延迟函数，可以在原因和结果之间设置延迟，使得对结果的解释更为合理，对发展趋势的长期演化特性把握更为准确，这是一般的模型方法很难处理的。因此，鉴于系统动力学的这一特点，所以以这一理论为基础建立的绩效评价体系也能很好地解决延迟。

（2）有效地反映系统内部因果关系的完整性

社会系统是符合因果关系的，供应链的绩效也是有因果关系的。简单的系统，我们可以用观察和大脑思索比较容易找到现象产生的真正原因，但是对于供应链这样复杂的系统来说，系统边界大，系统内部存在非常复杂的因果反馈关系，它们互相发生动态作用，使系统呈现出极其复杂的非线性关系，具有直观不可知性，很难构造数学解析模型来描述系统。然而，系统动力学能以现实存在的系统为前提，依据可能的信息，将系统内部复杂的因果关系利用仿真的方法在计算机上实验，即使没有非常完整的信息，但是只要依据因果关系，就能找到改善系统行为的答案。

（3）解决系统内部因素之间的非线性关系

系统动力学用系统思考和反馈机制构建了内部要素之间的复杂关系，这种关系不再是简单线性关系的体现，而是具有反馈的因果关系，正好符合供应链绩效评价系统的内部要素之间的非线性关系。

综上所述，系统动力学由于在解决系统内部要素之间的复杂性、完整性和非线性等具备的优势，已经被公认为是研究复杂系统行为的主要方法之一，因此在供应链管理中运用系统动力学的方法是适宜的。

## 4.2 基于系统动力学的供应链绩效动态评价模型的构建思路

### 4.2.1 基于系统动力学的供应链绩效动态评价模型的构建目标

系统动力学建模的目的在于运用系统思考模式对系统进行分析，研究系统内部的动态结构与反馈机制的关系，找到影响系统行为的主要因素，从而达到改善系统的目的。因此，运用系统动力学构建供应链绩效评价模型的目的，就是要深入认识供应链的绩效与其驱动因素之间的因果反馈关系，找到关键驱动因素，从而真正持续地提高供应链系统的绩效。因此，供应链绩效评价模型的构建目标具体如下：

（1）缩短物流、信息流和资金流的周转时间

供应链上有物流、信息流和资金流的流动，这些流的流动周转速度直接影响了供应链的绩效。周转时间越短，供应链就能越迅速地应对市场和顾客需求的变化。时间是决定供应链竞争能力的关键因素，所以期望通过供应链的绩效评价促进物流、信息流和资金流的加速周转，降低供应链周转时间，使物资、信息、资金流动更顺畅，降低库存量，加速资金周转。

（2）提高供应链柔性

柔性是指供应链响应顾客需求变化的能力。通过对库存水平的评价，可以促进企业设置合理的库存水平；通过对新产品情况的评价，可以促使企业加大研发的投入，加速新产品的研发和缩短新产品投放市场所需的时间，使得企业能一直保持对顾客的吸引力；通过对生产能力的评价，可以分析企业在市场需求发生变化的情况下，企业生产能随之调整的能力，促使合理地配置资源并进一步优化和改造内部业务流程。总而言之，供应链的柔性是供应链管理目标之一，对柔性的评价可以提高企业应对变化的能力。

（3）降低供应链总成本

供应链的绩效不仅仅体现在单个节点企业的绩效上，还希望通过绩效评价促进供应链整体绩效的提高。供应链整体绩效高，那么供应链上节点企业之间的运作比较协调，业务流程精简而减少各种重复，最终达到降低供应链总成本的目标。只有将整个供应链的运作作为一个有机的整体来运作，效率才能提升。

（4）提升节点企业利润

供应链绩效包括节点企业绩效和供应链整体绩效。要实现供应链整体绩效的

提高，节点企业的收益需要保证，否则供应链整体绩效的提高不具有可持续性。企业最终是个追逐利润的个体，在运作良好的供应链，节点企业的利润也是有保证的，不然供应链就不会稳定，各项运作的协调就达不到最优。供应链的绩效评价中对节点企业内部绩效的评价就是为了提高节点企业的利润。在保证节点企业利润的状况下，供应链能更趋于稳定和协调，各种重复和浪费会进一步减少，最终保证整体供应链具有长期盈利性。

### 4.2.2 基于系统动力学的供应链绩效动态评价模型的构建原则

供应链企业区别于传统企业的特殊性，决定了供应链企业绩效评价涉及的因素更多，结构更复杂，只有从多个角度和层面来设计指标体系，才能准确地反映其绩效。为保证评价结果的科学性，其指标体系的设计除遵循指标体系设计的一般原则外，还应着重从供应链管理理论和供应链企业本身的特点出发，遵循其特有原则。

（1）目标导向原则

供应链管理目标就是供应链绩效评价的目的，通过绩效评价，检查和分析供应链运作是否达到了供应链管理目标，并根据评价的结果为供应链的改进提供决策支持，所以说绩效评价指标要以供应链管理目标为导向。

（2）整体性和级次性原则

首先，供应链绩效评价的指标应比较全面和完整，能对供应链的绩效进行综合全面的评价；其次，绩效评价指标应具有一定的级次性。确保绩效指标体系有助于供应链成员业绩不断提高的同时优化供应链整体盈利能力（Goldratt et al., 2000）。绩效评价指标中单个企业指标和整体绩效指标之间应该有明确的关联，这就是绩效评价指标的级次问题。

（3）可量化原则

绩效评价指标应该是可以量化的，这一点是比较重要的，只有可量化的指标才能更精确地评价供应链的绩效和核心竞争力。可量化意味着数据是可获得的，而且数据越可靠，绩效评价的结果就越可靠，也就越便于了解和把握供应链的发展状况。

（4）因果关系原则

供应链管理目标的实现主要是受若干关键因素的影响，而这些关键因素又受到其他因素的影响。所以，要提高供应链的绩效，除了明确关键指标，还需要通过因果关系分析，找到关键指标的驱动指标，从而建立完整的绩效评价指标体系，所以指标之间的因果关系要清晰。

（5）动态性原则

传统的供应链绩效评价都是一种静态的评价，但是在当前内外部环境不断变化的情况下，竞争加剧，供应链更应该随着环境的变化进行动态的调整，因而绩效评价指标体系的设计应该着重于供应链绩效的动态评价，不断检视内外部环境，使供应链的行为始终与战略目标保持一致。同时，动态性的绩效评价指标体系还可以确保战略目标与顾客需求保持一致，从而进一步提升企业的经营绩效和保持竞争优势。

（6）前瞻性原则

供应链绩效评价指标应该具有一定的前瞻性，也就是说不仅仅关注过去和现在的绩效，更要适当增加能反映未来发展潜力的指标，将供应链发展的长期性和短期性相结合。同时，绩效评价指标应该是对时间敏感的指标，例如领先性指标和诊断性指标、当前状况指标、落后性指标或者结果指标（Kaplan and Cooper, 1997）。

## 4.3 基于系统动力学的供应链绩效动态评价模型的技术路线

### 4.3.1 确定系统边界

系统都是有边界的，在对系统行为进行研究时，首先应该确定系统的边界，系统的边界也是研究范围的划定。应该确定系统的哪一部分应该划入研究范围，哪一部分是不应该包含在系统内的。在考虑系统边界的时候，应该充分结合系统动力学的建模目的。

供应链也是一个社会系统，系统与外界环境之间是有明确界限的，并通过界限进行物质或者信息等的交流。划清系统边界是解决问题的第一步。这里所说的要解决的问题是指系统的现在状态与期望状态的差距，具体到供应链的绩效评价方面，我们期望知道供应链现在的绩效与我们期望的绩效之间差距在哪里。供应链涉及范围很广，节点很多，我们首先必须弄清楚我们评价的供应链的范围是什么，要评价的主体和客体是什么。我们要研究的是系统边界以内诸要素，系统行为取决于它的内部因素，而不是外部因素。

在本书中，要构建供应链绩效评价模型，根据目前大家比较认可的观点，供应链的绩效评价包括供应链各节点企业的内外部绩效评价和供应链整体绩效评价。节点企业包含了供应商、制造商、经销商、分销商等，范围较大，而绩效评价是需要先确定评价对象的，将这些节点企业全部作为绩效评价对象来逐一研究，范围太大太广。因此，本书聚焦制造商，将制造商为核心的供应链作为研究的主要对象，主要研究制造商内部绩效、制造商与上下游的供应商和经销商之间的协作效果（即制造商的外部绩效），以及供应链整体绩效评价。这就是本书确定的系统边界，以此为基础构建供应链绩效评价模型。

### 4.3.2 确定供应链管理目标和组织战略目标

供应链绩效评价的目的是为了实现供应链管理的目标，所以在设置供应链绩效评价指标时首先要考虑供应链管理的目标。然后，结合企业自己的发展规划和愿景，确定本组织战略目标，这是指标设计首先要做的事。只有目标明确，并且以目标为导向，才能使绩效评价发挥作用，并促进供应链管理目标和组织目标的实现。在确定目标的时候，需要详细地了解企业目前所处的内外部环境，了解供应链的基本情况，如所处的生命周期。另外，要理清供应链管理目标与企业战略目标之间的关系和层次性。

### 4.3.3 确定关键绩效指标和因果关系图

明确了供应链管理目标和企业战略目标之后，就可以确定影响目标实现的关键绩效指标。关键绩效指标是考核的重点，也是对绩效影响最大的因素。关键指标的确定要注意指标的层次性。关键指标的选取方法很多，比较流行的是平衡计分卡，按照财务、顾客、内部流程、学习与成长四个维度确定关键指标。

关键绩效指标确定好之后，就需要利用系统动力学的系统思考模式找到指标之间的因果关系和反馈结构。在构建因果关系图的过程中，为了更清晰地描述指标之间因果传递关系，关键指标之间需要增加辅助变量。

### 4.3.4 建立绩效评价的系统动力学流图并检验

因果关系图构建完成之后，就找到了评价指标与其动态行为之间的映射关系。为了对绩效进行评价，需要进一步确定指标之间的数量方程，构建系统流图，这也是系统仿真的基础。根据因果关系图中各个指标之间的因果关系，利用系统动力学提供的基本方程式，在查找文献支持或基本理论的支持下，进一步定义变量之间的数量关系，从绩效评价子系统开始，以此建立各子系统及整体绩效评价的系统动力学流图。

系统动力学模型初步构建完成后，还需要对模型进行检验，主要是检查模型是否适合现实世界基本情况，是否是有效和可用的。系统动力学提供了具体的检验方法。根据检验和测试的结果，要对模型进行适当的修正，以使其更符合真实情况。

### 4.3.5 绩效评价仿真

供应链绩效模型构建完成并通过检验之后，就可以正式地进行模型的仿真，即评价供应链随时间推移而变化的绩效。首先，对企业内外部环境的变化以及拟采用的策略进行动态仿真。一方面，可以清晰地描述观测指标随时间变化的演化趋势，尤其是关键绩效指标的演化趋势；另一方面，可以根据仿真结果判断企业制定的策略是否恰当，是否达到预定的目标，并将仿真结果作为企业调整政策的依据。其次，利用仿真模型，可以更清晰地看到关键绩效指标是受哪些因素影响和驱动的，并进一步判断这些影响因素哪些是领先指标，哪些是落后指标。特别是对导致供应链绩效落后的关键指标，可通过调整参数的方法进行敏感性测试，从而进行一定调整后可以得到更优的绩效评价模型。

## 4.4 本章小结

基于上一章的分析，供应链运作参考模型等比较热门的供应链绩效评价模型存在一定的局限性，为了解决指标体系的完整性、动态性、非线性等问题，引入了系统动力学模型。因此，本章的主要研究内容总结如下。

①用系统动力学的思想来研究供应链绩效评价，可以更好地理解评价指标之间的因果关系和指标演化趋势。供应链系统本身具有动力学特性，也就是说具有动态性、复杂性、延迟性等特点，而系统动力学正好擅长解决社会系统的这类问题，因此，用系统动力学的方法来研究供应链问题以及供应链绩效评价问题是合适的，能更好地理解指标之间的复杂的因果关系及相互之间是如何互相影响的。

②供应链管理目标是供应链绩效评价指标和模型确立的依据。供应链绩效评价的最终目标就是要促进供应链管理目标的实现，所以在指标选取的时候要充分结合供应链管理目标。

③供应链绩效评价的系统动力学模型的构建应以系统动力学的基本建模步骤为指导，从系统边界的确定到最后模型的仿真等，有一整套完整的方法和思路。

# 5 基于系统动力学的供应链绩效评价指标体系构建

由于供应链系统的特性和系统动力学方法的优势，运用系统动力学方法建立供应链绩效评价模型是比较可行的。要建立供应链绩效评价模型，需要先选取关键的绩效评价指标，在选取指标的过程中，必须考虑到建立系统动力学模型的需要，选取的指标会略微不同于以前大家所理解的那些传统评价指标。

## 5.1　供应链结构及核心企业的作用

### 5.1.1　供应链网络结构模型

供应链（Supply Chain，SC）有很多的类型，但是典型的类型就是如图5-1所示的网络结构模型。供应链围绕核心企业，从原材料采购开始，到产品的生产和制造，以及通过销售网络把产品最终送到消费者手中，在这个流程中，信息流和资金流也和物流一样在供应链的节点企业之间进行流转。从这个网络结构中可以看到：

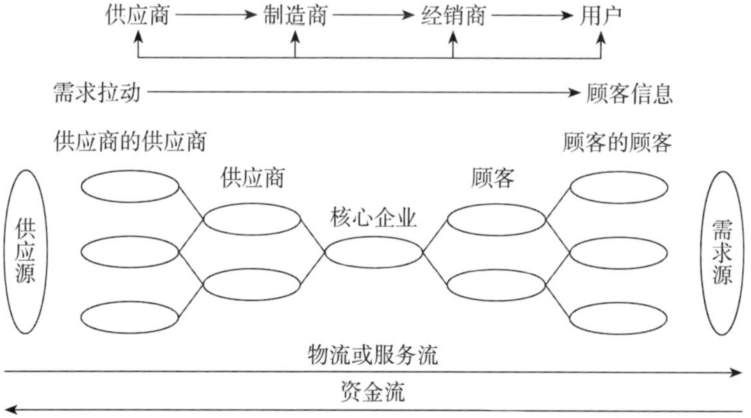


图5-1　供应链的网络结构模型

①供应链主要是在供应源和需求源之间发挥作用，将顾客所需要的产品和服

务，从供应源手中，经过加工和流转，转移到需求源手中。

②供应链的构成主要包括了一个核心企业与若干上下游企业和顾客，并形成网络结构模型。供应链上每个企业都是一个节点，节点企业与节点企业之间构成供给与需求的关系。核心企业的上游主要是由供应商和供应商的供应商形成的供应商网络。核心企业的下游主要是各经销商和顾客形成的经销商网络。从供应源到需求源，供应链上的每类企业都发挥着自己的作用。

③供应链上流动的除了物流和服务以外还有资金流和信息流。物流主要是指实物的流动，包括产品、订单、人员、设备等的变动和流转。资金流是指伴随着物流的流动，资金也在供应链节点企业之间流动，例如制造企业从供应商处购买原材料之后，随着原材料从供应商流转到制造商，资金也从制造商流转到了供应商。信息流指的是供应链中信息的传递与交换。信息流是决策的信息来源，因此供应链上节点企业信息之间沟通顺畅与否，以及信息共享程度，都会影响到决策的科学性。

④供应链的最终目标就是满足顾客的需求。在前面的章节已经分析，供应链已经转向顾客导向模式，供应链是否有持续的发展能力和竞争力，关键看供应链的产品或服务是否能满足顾客不断变化的需求。只有那种能不断地满足顾客需要的供应链才具有竞争能力。

在供应链的网链结构中，对于制造型行业来说，制造商往往扮演着核心企业的作用。

### 5.1.2 供应链核心企业的作用

供应链的核心企业是指在供应链中发挥着主导作用的企业，从理论上讲，供应链上的各节点企业，如供应商、制造商、经销商等都可以作为核心企业，取决于供应链的目标。由于供应链的交叉，有些企业同时是若干条供应链的成员企业，但是在这若干条供应链中，同一家企业可能发挥的作用是不一样的。例如，在以产品制造生产为中心的供应链中，制造商是核心企业。但是，在一个以营销为主的供应链中，制造商只是产品的供应商，零售商可能成为核心企业，所以核心企业是一个相对的概念。

供应链核心企业的作用主要有以下几点：

（1）核心企业影响信息交换的质量

由于核心企业的影响力，客户的需求信息最终都会传递到核心企业，核心企业根据顾客需求，对订单进行分解，根据需求决定所需销售的产品数，再把这一信息传递给上游供应商，同时，将加工完成的产品信息传递给下游企业，所有的信息，尤其是重要的需求信息和供给信息都会传递到核心企业，再通过核心企业传递给上下游节点企业，所以信息交换的质量会影响到整个供应链的运作绩效。

（2）核心企业协调供应链上各节点企业的利益

供应链整体绩效的实现取决于各节点企业的合作水平及单个企业的绩效水平。在追求整条供应链效益最大化的过程中，有些企业的利益可能会遭受一定的损失，从企业自身的角度来看，这是不愿意承担的。为了让供应链有效地运转并创造最大效益，就必须由核心企业出面将利润在整条供应链中进行合理分配，维护供应链在一定程度上的公平和公正，只有这样才能保证供应链能长期持续地维持运转。

（3）核心制造企业通过外包等进一步加强与上下游企业的合作

核心企业的竞争力会影响到整条供应链的生存和影响力。尤其对于制造型的核心企业来说，面临的竞争更加激烈，保持核心竞争力是企业长期发展的关键。为了更好地保持核心竞争力，制造型核心企业更多地实行外包政策，将非核心的业务外包给供应链上的其他企业，一方面保证了核心企业在竞争力培养上的投入，另一方面也通过这种外包进一步加强了与其他企业的合作关系，所以合作绩效对整条供应链的绩效有着至关重要的影响。

以核心制造企业为核心的供应链的结构大致如图5-2所示。在这样的供应链网络中，核心制造企业与上下游节点企业之间在信息、物流和资金方面进行传递和沟通，并在其中发挥主导性的作用。

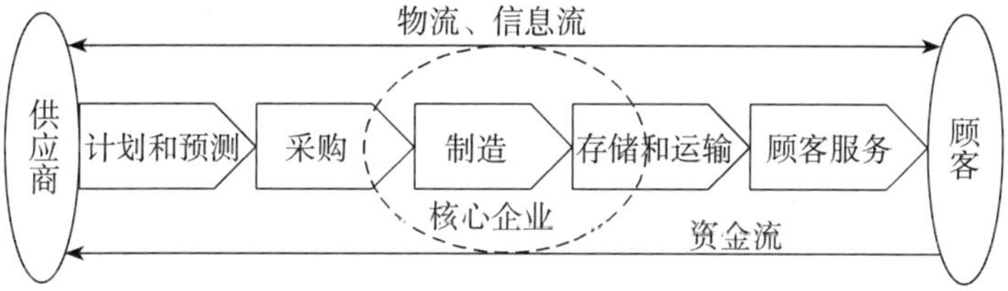


图5-2 供应链结构

## 5.2 供应链管理目标

供应链管理的基本思想就是以市场和客户需求为导向，合理协调供需关系，以提高竞争力、市场占有率和顾客满意度和获取最大利润为目标，通过供应链上节点企业之间的合作，优势互补、协同竞争，对整个供应链的各种物流、信息流和资金流进行规划和控制，最终形成有竞争力的供应链战略联盟。

具体来说，供应链管理的目标是通过调节减少浪费、压缩时间、灵活反应和提高利润等目标之间的冲突，实现供应链绩效的最大化。

### 5.2.1 减少浪费

首先，为减少浪费，供应链上的节点企业应该减少和降低功能的重叠。应该将供应链视为一个整体，而不是割裂开来的一个个企业的单打独斗。因此，很多功能的设置可以共享。例如，运输系统的配备，如果供应链上的成员企业同时有两家以上有运输系统，就有可能造成运输能力的浪费，可以通过协调运作，构建统一的运输系统，避免运输系统的重复建设。要做到功能的不重叠就要对供应链进行整合，以最合理有效的方式配置资源。

其次，为减少浪费，应该提高供应链的信息化共享程度。所谓信息化共享程度，是指供应链上各成员企业各类信息共享的程度。为了迅速地回应客户的需求和竞争对手的变化，要求信息在最短的时间内及时做出调整。要做到这一点，需要在供应链成员企业之间建立有效的信息系统和信息平台，实现信息的共享。例如存货，在很多的供应链中，各成员企业由于存在信息沟通不畅等问题，通常各自都保持一定的存货，造成了一定的资金占用和浪费，如果能提高信息的共享，就能及时获取信息，及时调整库存，这样就不需要很大的库存量，信息共享程度高的时候甚至可以达到零存货的目标。库存减少就能减少资金和场地的占用。要提高信息化共享程度，开发信息系统和数据库是非常必要的。

最后，为减少浪费，应该减少废品。要减少废品，就必须提高产品生产效率和质量。供应链提供的产品或服务的质量的好坏，直接影响到整个供应链的绩效，甚至关系供应链的存亡。质量不好的产品，会导致重新加工生产，造成生产资源的浪费，并且整个供应链的增值目标也受到影响。要提高产品或服务的质量，可以采用一些先进的管理模式和方法，例如JIT等，而且还必须是整个供应链全过程的控制。

### 5.2.2 压缩时间

在当前全球化的市场竞争中，竞争进一步加剧，时间成为成功竞争最重要的因素之一。当今的市场竞争已经从单个企业之间的竞争转向供应链与供应链之间的竞争。从某种意义上说，供应链之间竞争的实质是时间的竞争，也就是说必须实现快速有效地响应顾客需求，最大限度地缩短从顾客发出订单到顾客满意收货的供应链订单交付时间周期。通过压缩订货到收货的时间，让物资的流程缩短，供应链上的所有企业都能更为高效地运转，降低库存量。同时，由于物流的流动加速，资金流也能加快循环，现金周转率会得到提高。所以说，压缩时间就能促进供应链上物流、资金流和信息流迅速流畅地传递，从而在最短的时间内满足顾客的需求。

### 5.2.3 提高柔性

供应链管理的第三个目标是提高整个供应链的柔性。柔性指的是快速响应顾客需求的能力。市场环境在不断变化，顾客的需求也在不断地变化和调整，供应链的柔性指的是在环境发生变化时，供应链能用合理的成本和时间将产品提供给顾客，使其需求得到满足，并且在顾客有临时性需求的时候，也能迅速调动资源，有较强地处理临时性需求的能力。要迅速地满足顾客需求，供应链就有可能要增加生产能力或存货，但是这又会带来投资的增加和成本的增加。因此，这就需要整条供应链上的节点企业能紧密合作，通过高效的协作尽可能减少库存的占用或其他成本。所以，供应链要提高柔性，有赖于供应链上节点企业的合作，也有赖于对个性化顾客需求的满足能力。

### 5.2.4 增加利润

供应链管理的最终目标是增加供应链的利润。供应链利润的增加主要是通过降低成本实现的。因此，要寻求在产品质量和服务水平保持在一定水平上的最低成本。通过供应链管理，为了降低成本和提高顾客价值，尽量减少那些不必要的行动和活动上，比如存货尽量减少库存量，成批运输可能比单独运输要更便宜等。所以要对供应链的基本工作流程进行改进，这样就能减少库存，消除重复和浪费，提高工作效率，从而提高产品质量。产品质量的提高，会降低废品率和生产中的浪费，从而降低产品成本，产品成本的降低会使顾客价值增加，顾客满意度提高，进而利润目标能够实现，供应链的管理也由此获得成功。

综上所述，供应链管理的目标比较倾向于企业可持续发展能力的增强。减少浪费其实是供应链管理的短期目标，而柔性和时间绩效的提高可以为供应链赢得客户和提高客户满意度，从而最终增加企业利润，这也是供应链管理的长期目标。由此可见，供应链管理目标是短期目标和长期目标的结合，寻求用最小的成本为客户提供最大价值的产品和服务。

供应链绩效评价的目的就是保证供应链管理目标的实现，因此，在绩效评价指标的设计过程中，要紧密结合供应链管理目标，这样才能真正促进供应链绩效的提高。

## 5.3 供应链绩效评价指标体系的选取方法——BSC与SD的结合

根据供应链管理目标，供应链绩效评价指标应该能够恰当地反映供应链整体运营状况以及上下游节点企业之间的运营关系，而不是孤立地评价某一节点企业的运营情况。在供应链绩效评价中，绩效指标带有引导作用，选好指标非常重要。供应链企业不可能在所有供应链绩效指标上达到最优，因此，应当科学地、合理地选择那些对供应链企业的成功最重要的、对供应链成功运作最关键的指标来评价其性能和绩效。

在第3章中介绍了常用的供应链绩效评价模型有供应链运作参考模型、供应链平衡计分卡模型、ROF模型等。这几种评价模型在供应链绩效评价的应用中各有长短，但是通过比较，还是很明显可以看出平衡计分卡模型相对更优。同时，由于供应链的绩效评价是一个非常复杂的过程，所以简单的模型是不能达到绩效评价目的的，因此很多学者探讨了平衡计分卡与系统动力学的结合。

Wolstenholme（1998）提出利用系统动力学的因果反馈的优点来增强平衡计分卡的动态性。平衡计分卡偏重于静态绩效的评价，但是动态绩效的评价更能对所制定策略的执行结果进行动态的监测，因此在系统动力学的因果反馈回路分析的基础上，将平衡计分卡嵌入到目标与执行过程当中，形成完整的调节回路，并不断反馈修正。

Schoenebron（2003）认为平衡计分卡只是以部分因素之间的简单因果关系为基础，其常常因为动态复杂性而导致企业推行平衡计分卡的失败，应当运用系统动力学的因果反馈加以控制。

Akkermans and Oorschot（2002）梳理了相关文献之后，回顾过去的相关文献，归纳出平衡计分卡在绩效评价方面的优点，并重点评述了由于其在因果关系、时间延迟及反馈机制方面的不足。他们认为这些不足常常造成决策者的错误判断和决策，并提出可以采用系统动力学来弥补其不足，在此基础上提出一种平衡计分卡与系统动力学结合的两阶段建模步骤，即先进行定性的因果关系图形描述，然后进行定量仿真。

以上研究都论证了平衡计分卡与系统动力学相结合的必要性，认为两者的结合弥补了平衡计分卡本身的动态复杂性不足。

### 5.3.1 供应链管理框架与平衡计分卡之间的关系

与其他绩效评价指标体系相比，平衡计分卡在供应链绩效评价方面有自己的优势。

首先，平衡计分卡的绩效评价指标体系也是建立在目标导向的基础上。平衡计分卡强调从企业的愿景出发，明确企业的使命并找出实现战略的动因，将战略实现动因转化为具体的目标，并根据这些目标来设置绩效评价指标。这点符合供应链绩效评价指标建立的目标导向原则。

其次，平衡计分卡指标体系也具有一定的完整性和系统性。这一模型在财务、顾客、内部流程和学习与成长四个维度设置指标，既有财务指标，也有非财务指标，指标体系相对完整。这点符合供应链绩效评价指标建立的系统和完整原则。

再次，平衡计分卡四个维度指标也有一定的因果关系。如图5-3所示，持续地学习与成长为内部流程的高效运作提供了保证，高效率的内部业务流程提高了产品质量，缩短了生产周期等，可以使顾客保持较高的满意度。顾客满意了，市场份额进一步提高，最终为企业带来更多的财务收益。平衡计分卡这四个维度的因果关系正好符合供应链绩效评价指标建立的因果关系原则。

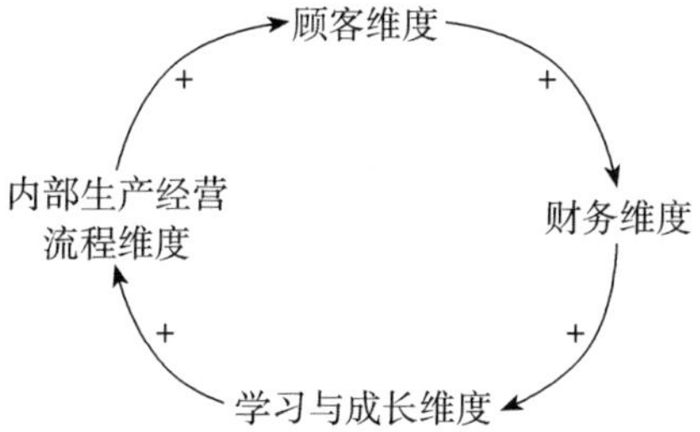


**图5-3 平衡计分卡四个维度之间的因果关系**

最后，平衡计分卡指标在一定程度上也体现了动态性。平衡计分卡中的学习与成长维度，就体现了与经营环境变化的互动。因为经营环境的变化，促使企业加强培训与研发的力度，提高企业和员工适应新环境的能力，反过来又会促进企业效益的提高。学习与成长角度的评价可以促进企业保持持续的学习与创新，在经营环境发生变化的时候能够及时地做出调整。该角度的指标能评价企业适应环境的能力。这点符合供应链绩效评价指标建立的动态性原则。

综上所述，平衡计分卡绩效评价指标体系符合供应链绩效评价指标建立的目标导向、因果关系、系统和完整性以及动态性等原则，因此是适宜用于供应链绩效评价的指标体系构建的。具体来说，平衡计分卡与供应链管理框架的关系如图5-4所示。

然而，平衡计分卡若要能有效地将战略展开成各层面，甚至每个员工的目标与指标，关键在于必须理清这些指标间的因果关系。在实际操作中，平衡计分卡只提供了架构，却无建立因果关系的方法，这正是平衡计分卡的“死穴”；另外，平衡计分卡也未考虑因果关系中的时间延迟。这些缺口正是系统动力学的长处所在。由于系统动力学有助于理清复杂系统的因果关系，将它与平衡计分卡结合，可辅助平衡计分卡指标之间因果关系的建立，这对于平衡计分卡的有效使用是极具贡献性的。事实上，平衡计分卡的创始人——Kaplan和Norton也早已认识到平衡计分卡这方面的不足，他们也建议采用系统动力学的方法来弥补这些不足。这样以来，就可以对平衡计分卡进行仿真模拟，提高了其操作性，弥补以往评价方法上的不足。

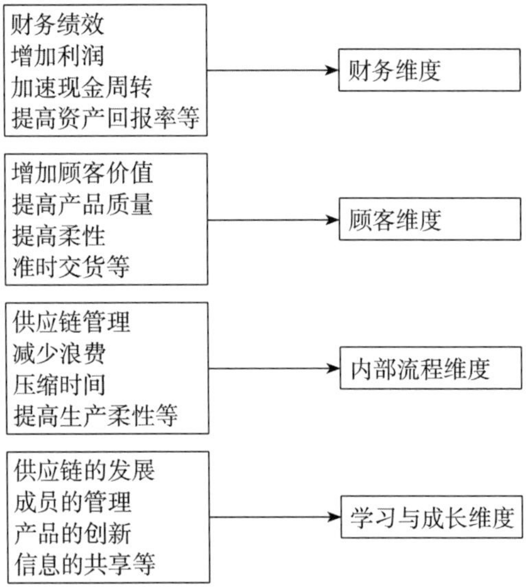


图 5-4　供应链管理框架与平衡计分卡之间的关系

### 5.3.2　平衡计分卡与系统动力学的结合

第一，平衡计分卡和系统动力学都有系统思考。平衡计分卡从企业愿景和战略出发，结合财务指标和非财务指标，从四个维度进行了绩效评价，这是一种系统思考方式，这种方式也是系统动力学的核心，所以两者的结合是有基础的。

第二，平衡计分卡建立了目标与指标之间的因果关系，但是没有提供建立因果关系的具体方法，而且所建立起来的因果关系也相对较为简单，基本是单向的因果关系，没有反馈。但是，平衡计分卡毕竟为我们提供了一个因果关系的基本框架，进一步发掘绩效的影响因素，从而使管理者能够更全面地评价绩效，并更深入合理地实施管理。

第三，平衡计分卡方法已经深入人心，运用起来障碍较小。有研究显示，目前在供应链绩效评价领域，大约80%的研究仍然是结合了平衡计分卡来设置评价指标，这表明此种方法有很广泛的应用基础，可以弥补单纯理解系统动力学模型的困难。

总之，平衡计分卡虽然存在一定的局限性，但是系统动力学方法正好可以在一定程度上弥补平衡计分卡的局限性，所以两者的结合可以更好地建立供应链绩效评价的指标体系。

## 5.4 供应链绩效评价指标体系的组成

根据前面章节对供应链的分析和介绍，了解了供应链的结构，以及各成员企业之间的相互关系，在此基础上，进一步构建供应链绩效评价的指标体系。供应链是由若干节点企业组成的一个网络结构，这些节点企业本身是独立的个体，但是在市场环境不断变化的情况下，各种不确定性因素增加，单打独斗式的经营管理模式已经无法应对竞争的需要，这些企业就要和上下游企业等联合起来，形成供应链网络，通过供应链分工和协作，聚焦各自的竞争优势，相互补充，信息共享，共同应对环境的变化。因此，基于单个企业的内部绩效的评价已经不能满足绩效评价的需要，需要从供应链的角度来评价绩效。

目前已被多数人认可的观点就是，供应链的绩效包括供应链各节点企业的绩效和供应链整体绩效。其中，供应链各节点企业的绩效是从各节点企业自身的角度出发评价企业的内部绩效，以及企业与自己的上下游企业之间的协作绩效，也就是外部绩效。

供应链整体绩效是指供应链成员企业构成的供应链的整体相比较其他的供应链的绩效。不是指哪个企业的绩效，评价的是整个供应链网络的绩效。

综上所述，供应链绩效评价指标体系包括供应链节点企业内外部绩效和供应链整体绩效，详细组成见图 5-5。

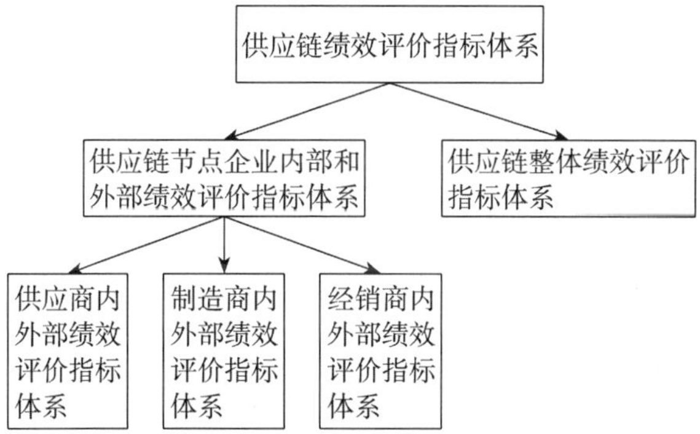


图 5-5 供应链绩效评价指标体系的组成

下面将具体讨论这几部分的绩效评价指标构成。根据上面的论述，核心企业在整个供应链中居于核心地位，对整个供应链起着举足轻重的主导作用，因此节点企业的绩效评价主要选择核心企业作为主要的评价对象。又由于以制造企业为核心的供应链是非常典型的供应链，所以就以核心制造企业为基础构建绩效评价指标体系。

## 5.5 供应链核心制造企业的内部和外部绩效评价指标体系

供应链核心制造企业的绩效包括内部绩效和外部绩效。内部绩效是我们传统意义上的企业绩效，这一部分的研究相对较为成熟。外部绩效是制造商与上游的原料供应商与下游的经销商的协作绩效，这也是我们在前面章节确定好的系统边界。

制造企业绩效评价的目的是促进企业生产效率和产品质量的提高，从而满足顾客需求。为了实现这个目标，企业首先需要苦练内功，加强质量管理和控制，提高生产工艺水平，并且能很好地应对市场环境和顾客需求的变化。企业在苦练内功的同时，必须和上下游企业建立战略同盟关系，风险共担、收益分享，实现多方共赢。

### 5.5.1 核心制造企业内部绩效评价指标体系构建

核心制造企业的内部绩效是供应链绩效评价的重要组成部分，是考核制造商对供应链整体运营绩效的贡献。前已述及，平衡计分卡与系统动力学结合，是供应链绩效评价指标体系的构建方法。因此，基于平衡计分卡的四个维度，核心制造企业内部绩效评价指标体系构建如下。

（1）财务维度评价指标

财务维度的评价指标反映企业财务绩效，财务绩效的评价指标有很多，例如反映盈利能力的净资产收益率，反映资产管理能力的资产周转率等。但是，对于供应链核心制造企业来说，企业如果要长期发展，利润依然是企业管理的最直接的目标。考虑到系统动力学模型的特点，为了后面便于构建模型，选择制造商利润作为主要的考核指标。由于利润是收入与成本费用配比后的结果，所以制造商利润又受到制造商销售收入和制造商当期成本这两个指标的影响。关于制造商销售收入，是销售数量和销售价格的乘积，销售数量与制造商向经销商的发货率相关。关于制造商当期成本，是指当期各项对利润产生逆向影响的成本。

（2）顾客维度评价指标

顾客维度评价指标与财务绩效是有着密切关系的，因为对于企业来说，顾客的满意度会影响到产品的销售，而产品销售对于制造业企业来说是盈利的主要来源，Appiah-Adu and Singh（1998）通过案例研究表明客户导向是和企业绩效相关的，所以顾客满意度应为影响绩效的关键指标，这个指标在一定程度上也是供应链整体绩效的体现。

供应链要以顾客为导向，那么就需要在员工培训、管理支持、内部沟通、人事管理、外部沟通等方面改善和提高（Conduit and Mavondo，2001）。因此，顾客满意度指标还受到上述几方面的影响。其中，员工培训可以提高员工的工作绩效，从而提高生产效率，最终通过产品质量的提高和员工服务水平的提高来提高顾客满意度，因此选择了员工工作绩效作为顾客满意度的影响因素之一。至于其他因素对顾客满意度的影响，内部管理方面的影响也是很大的，马士华（2000）提出用产品合格率、准时交货率、成本利润率三个指标来衡量顾客满意度，这三个指标主要从产品质量、交付管理、顾客价值等角度来解释顾客满意度。

此外，市场份额也是体现顾客对供应链提供的产品是否满意的体现，表明企业销售的产品在总的市场规模中所占的比重。因此，选择市场份额作为顾客维度的另一个绩效评价指标。企业市场份额也是受到很多因素影响的，本书主要研究关键影响因素。首先，顾客满意度会影响市场份额，国内外学者都曾经对两者的关系进行过研究，具体研究内容会在后面的章节涉及，这里暂不深入探讨；其次，企业规模也是影响市场份额的关键因素，因为企业规模大，生产能力和效率相对较好，产品质量相对比较稳定，并且规模较大的企业在顾客心理上也会有暗示，认为企业是比较可靠的，所以企业规模最终会影响到市场份额；最后，新产品产量会对市场份额产生影响。新产品产量是企业研发的新产品的生产数量。一般来说，企业的新产品产量越多，表明企业新产品的研发较好，与竞争企业的产品差异化就越大，可以更好地满足不断变化的客户需求。

总之，在顾客维度，主要选取了顾客满意度和市场份额两个指标，并进一步探讨了影响这两个指标的因素。

（3）内部流程维度评价指标

内部生产经营流程关系到核心企业整体运营状况以及供应链的整体运行状况，无论对核心制造企业内部绩效和外部绩效评价，还是对供应链的整体绩效评价都有很强的影响作用。

首先，要提高顾客满意度，企业必须保证产品的质量，产品质量是受内部生产流程的影响，只有有效的内部管理才能生产出高质量的产品。由于产品质量是一个较抽象的概念，所以选择了产品合格率指标。影响产品合格率的因素非常多，考虑到建立系统动力学模型的需要，只考虑将员工技能作为产品合格率的影响因素。

其次，供应链柔性也是体现内部流程管理效率的重要因素。关于柔性，在前面的第3章中已经讨论过相关概念。供应链之所以要保持一定的柔性，是因为供应链具有极大的不确定性，会影响供应链的生产、销售、交付等活动。柔性是指能在正确的时间内将正确的产品或服务以正确的数量送到顾客手中的能力。一般来说，供应链柔性包括时间柔性、数量柔性和产品柔性。和内部流程维度相关的柔性主要有时间柔性和数量柔性。时间柔性是指供应链对顾客需求的响应速度，也就是在正确的时间内将产品送达顾客，所以选择了准时交货率指标来间接体现时间柔性。至于准时交货率指标的影响因素，主要是缺货率，也就是说企业缺货越多，不能准时交货的风险就越大；数量柔性是指供应链对顾客需求数量变化的适应能力，要保证数量柔性，企业就要保证合理的生产能力。也就是说，企业生产能力越强，当顾客需求发生重大变化，尤其是订单激增的情况下，依然能将正确数量的产品交付给顾客。所以，将制造商生产能力作为体现数量柔性的指标。制造商生产能力受到固定资产投资规模的影响，生产领域固定资产投资越大，制造商的生产能力就越强；产品柔性将在学习与成长维度介绍。

最后，库存水平是内部流程维度中非常重要的问题。供应链管理的目标之一就是通过供应链节点企业之间的协同活动，将总库存量降到最低。因此核心制造企业的内部绩效评价就选择了制造商成品库存量这个指标，反映制造商产成品的库存水平。这一指标又会受到制造商的生产和销售影响，生产的完工产品越多，会导致库存增加，而制造商销售产品会使库存减少。考虑到后面建立系统动力学模型的需要，将制造商生产率和制造商发货率作为影响库存水平的因素。制造商生产率是指制造商在单位时间段内生产的产成品数量，制造商发货率是指制造商在单位时间段内销售给经销商的产品数量。

（4）学习与成长维度评价指标

供应链要保持长期稳定发展和培养核心竞争力，良好的学习和培训机制是必要的。绩效评价通过组织的学习机制创造动态调整（Senge，1990；Slater and Narver，1995；Edvinsson and Malone，1997）。一个有效的学习环境里，绩效评价是进一步学习、应对挑战和不断提高企业绩效的工具。系统的学习知识可以加强自我修正，推动持续改进，从而不断调整到期望状态。实际上，绩效评价就是评价—提供信息—学习的一个反馈过程，它可以帮助企业建立一个动态的调整能力，使企业能够应对突发事件和竞争对手。

供应链要创造长期的绩效就必须培育良好的学习能力。企业的学习发展来源主要有人才、系统和组织程序。平衡计分卡这三个方面的目标就是揭示人才、系统和组织程序的现有能力以及实现突破性绩效所必需的能力之间的巨大差距。为了弥补这些差距，企业必须投资以使员工获得新的技能，加强信息技术及系统，并加大研发投入的力度。所以主要指标有员工满意度、新产品产量等。

新产品产量是指在一段时间内新产品的生产量，这个指标是产品柔性的体现。柔性是供应链应对不确定性的主要手段，产品柔性反映了供应链在一定时间内引进新产品的能力，可以用新产品产量方面的指标来衡量。在市场竞争日益加剧的今天，产品柔性变得越来越重要。企业如果没有产品柔性，所生产出来的产品更新换代较慢，那么企业及产品对顾客的吸引力就会逐渐下降。新产品的出现，可以不断地吸引顾客的兴趣。就如苹果公司目前的状况，如果不能在尽量短的时间内不断推出新产品给顾客，那么顾客会逐渐失去对苹果产品的兴致，转而购买其他公司的产品。新产品的推出，主要取决于企业的研发投入，以及研发投入的产出率。

关于员工满意度，综合著名的明尼苏达员工满意度调查问卷及我国国内权威学者创立的员工满意度调查表发现，对员工满意度的评价内容主要分为员工个人、工作环境、企业管理这三大类。员工个人方面主要是薪酬福利及个人职业发展方面的感受；工作环境是对员工工作的客观条件、工作环境的人际关系的协调等方面的感知；企业管理主要是评价员工对企业的管理制度、运营能力等各方面是否满意，是否有继续留在企业工作的信息和兴趣。结合这三个方面的基本内容，以及后面构建系统动力学模型的需要，进一步将影响员工满意度的因素确定为薪酬福利、团队氛围、工作本身、职业发展、公司环境与管理等五个指标。

关于员工满意度和顾客满意度，国外已经研究证明两者之间存在显著的关系。关于两者之间的传导路径，Heskett等认为内部服务质量影响员工满意度，员工满意度影响了员工生产率和员工忠诚，继而影响了外部服务质量，外部服务质量进而影响了员工满意度。换句话说，如果员工满意度较高，那么员工的工作热情和服务质量就较高，在和顾客的接触过程中，顾客能够感知到服务质量和员工的努力，进而提高顾客自己的满意度。易牧农等（2010）根据“服务利润链模型”画出了传导路径图，如图5-6所示。

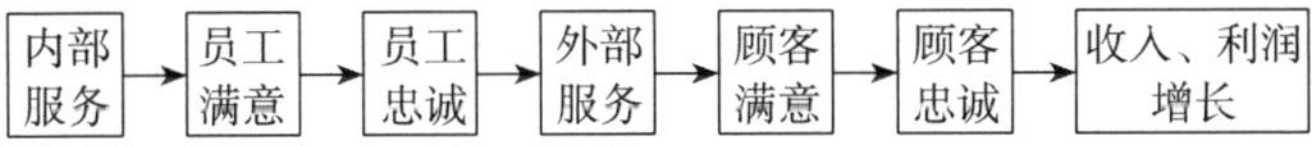


**图5-6　服务利润链模型**

所以说，员工满意度会通过中间因素间接地影响到顾客满意度，国内外很多学者对这个传导机制进行了实证研究。在研究顾客如何感知员工的服务质量，易牧农等（2010）提出了用工作绩效可以代表对服务质量的感知，并用实证的方法验证了工作绩效是员工满意度向顾客满意度传导机制的核心，员工满意度通过工作绩效对顾客满意度产生显著的正向影响。所以，我们在构建指标体系的过程中，为了后面建立系统动力学模型的需要，在员工满意度和顾客满意度基础上，增设员工工作绩效这个指标。

## 5.5.2　核心制造企业外部绩效评价指标体系构建

核心制造企业的外部绩效指的是核心企业与上下游企业之间的协同运作状

况。外部绩效评价是供应链绩效评价非常重要的一个方面，供应链上的各企业应该保持一致的行动力，从竞争关系调整为合作关系，促进供应链整体绩效的提高。关于外部绩效的评价指标，主要选取了供应链影响力和信息化共享度这两个指标。

（1）供应链影响力

在外部绩效评价中，首先选取了供应链影响力这个指标。供应链影响力是指供应链对其他企业的影响和吸引力。如果核心企业与上下游企业之间合作关系较好，能产生协同，那么说明供应链比较协调和融洽，会吸引更多的企业加入到此供应链中。

一般来说，供应链上核心制造企业的盈利水平越高，其所在供应链的吸引力，以及影响力就越大。因为核心企业的盈利水平高，其上下游企业也会因此而受益，都能保持一定的盈利水平，这是非常有吸引力的。同时，核心企业的盈利水平越高，对整个供应链的管理和控制能力就越强，就越容易促进协同效应的产生。基于这个分析，在以制造商为核心企业的供应链中，制造商利润是影响供应链影响力的重要因素。

随着供应链影响力的增大，会有更多的企业加入到供应链中，因此供应链新增成员数也是供应链影响力的一个反映，同时，为了后面构建系统动力学模型的需要，进一步选取了供应链新增成员数这个指标。

（2）信息化共享度

信息是影响供应链整体竞争能力的重要因素之一，信息的传递和沟通也是供应链管理的关键。信息技术的发展为企业适应市场环境变化提供很好的保障和手段，企业无法再靠单打独斗的方式长期稳定的发展下去，应该加强与其他企业的长期合作，整合相关的活动和资源，减少各种不必要的浪费，所有这些都有赖于信息的传递和共享。所以说，供应链各成员企业之间的协调程度会影响供应链的管理绩效，而供应链上的协调主要是取决于信息共享。供应链核心企业通过与上下游企业之间的信息传递和共享，可以更合理地设置库存水平，从而可以降低库存水平、减少生产周转时间等。信息共享一直被认为是实现供应链价值的重要因素。许多学者认为信息共享可促进供应链的竞争力和效率，减少牛鞭效应，提高绩效。因此，信息化共享度是衡量外部绩效的很重要指标。

信息化共享度是指供应链企业之间共享的程度，这个指标受很多因素的影响。首先是企业的信息化程度，企业的信息化程度越高，信息共享的可能性就越大。其次是供应链上企业的信息化水平落差，一般来说，企业之间信息化水平落差越大，要实现信息共享就越困难。进一步分析，供应链上成员数越多，成员企业之间信息化水平落差就可能会越大，所以信息化共享程度就可能越低。因此，信息化程度和供应链成员数是影响信息化共享度的两个重要因素。

## 5.6 供应链的整体绩效评价指标体系

供应链的整体绩效，即供应链作为一个整体的综合绩效。就是从整体角度考虑不同供应链之间的竞争，主要目的是通过综合绩效评价，获取整个供应链运行状况的信息，找出供应链运营中存在的问题，及时的予以纠正。特别要强调的是，本书着重研究供应链核心制造企业的绩效评价，整体绩效评价的目的就是为了评价核心制造企业对供应链整体绩效的影响，以及供应链整体绩效反过来对核心制造企业绩效的影响。

Kaufman（1997）认为供应链管理的目的是消除沟通障碍，并通过协调，监督和控制过程消除冗余，所以供应链管理最终的目的是消除冗余，因而选取供应链总库存量作为整体绩效的评价指标。

库存管理是供应链管理的重要领域。产生库存主要是两个原因造成的：一是供应链各成员企业为保证生产销售等环节的顺畅而持有的作为缓冲的存货；二是由于供应链存在的不确定性造成的。一般来说，不确定性因素带来的库存的增加，我们期望通过更为合理的供应链管理实现消除，但是如果供应链成员企业之间形成有效的战略联盟，第一种原因产生的作为缓存的库存也是可以消除的。

如果供应链上的成员企业管理目标都是追求本企业利益最大化，那么在库存管理方面就会站在单个企业的角度去制定库存管理办法，这种做法的直接后果就是导致库存信息沟通不畅，无法从整个供应链的角度设置合理的库存量，并引发“牛鞭效应”的出现，这样更会增加供应链的整体库存，使得供应链整体实力下降，与供应链管理目标不相符。所以，供应链总库存量是供应链整体绩效的一个非常直观的反映。

供应链总库存量是供应链上所有成员企业库存量之和。在本书中，主要考虑核心企业、供应商和经销商这三类企业，所以供应链总库存量是供应商库存量、制造商成品库存量和经销商库存量的合计。

综上所述，供应链绩效评价指标体系包括核心制造企业内部绩效、外部绩效评价指标和供应链整体绩效评价指标，具体设置见表5-1。

表 5-1　**供应链绩效评价指标体系**

| 指标层次 | | 供应链管理目标 | 选取的一级指标 | 一级指标的影响因素 |
|---|---|---|---|---|
| 核心制造企业内部绩效 | 财务维度 | 提高利润 | 制造商利润 | 制造商销售收入、当期成本 |
| | 顾客维度 | 提高顾客满意度（时间的压缩、柔性的提高） | 顾客满意度 | 员工工作绩效、产品合格率、准时交货率、成本利润率 |
| | | 扩大市场占有率 | 市场份额 | 顾客满意度、企业规模、新产品产量 |
| | 内部流程维度 | 减少废品 | 产品合格率 | 员工技能 |
| | | 压缩时间 | 准时交货率 | 缺货率 |
| | | 生产柔性 | 制造商生产能力 | 固定资产投资 |
| | | 降低单位成本 | 制造商成品库存量 | 制造商生产率、制造商发货率 |
| | 学习与成长维度 | 提高员工满意度，从而期望提高顾客满意度 | 员工满意度 | 薪酬福利、团队氛围、工作本身、职业发展、公司环境与管理 |
| | | 产品柔性 | 新产品产量 | 研发投入、研发投入产出率 |
| 核心制造企业外部绩效 | | 提高供应链影响力 | 供应链影响力 | 制造商利润、供应链新增成员数 |
| | | 提高信息协调程度 | 信息化共享度 | 供应链成员数、信息化程度、信息处理成本、信息化投资率 |
| 供应链整体绩效 | | 降低库存水平 | 供应链总库存量 | 供应商库存量、制造商成品库存量、经销商库存量 |

## 5.7　本章小结

①供应链是一个非常复杂的网络，在这个网络上有很多的节点企业，都发挥着自己的作用。在供应链这样的网络结构中，核心企业是整个供应链的核心和主导。核心企业是供应链的主导企业，会对其他企业和整个供应链产生巨大的影

响。同时，核心企业也是信息交换和协调中心。特别是在以制造企业为核心的供应链中，核心企业为了增强竞争能力和响应速度，进一步加大了服务外包，将非核心的业务外包给上下游企业，使得上下游企业之间的合作进一步加强，上下游企业之间合作的协同效应就变得比较显著，从而影响整个供应链的绩效。

②供应链管理目标是供应链绩效评价期望达到的效果。通过对相关文献的梳理，总结出供应链管理的主要目标是压缩时间、提高柔性、减少浪费和提高利润。这些目标是后面构建评价指标体系的基础，指标的选择都要围绕这些目标来展开。目前得到大多数学者认可的供应链绩效评价的指标体系包括了供应链节点企业的内外部绩效评价指标和供应链整体绩效评价指标。鉴于核心企业在供应链中的作用和地位，以及核心制造企业的广泛代表性和鲜明特点，本书在对节点企业的绩效进行评价时，将评价对象重点放在了核心制造企业上。

③供应链核心制造企业的内部绩效评价指标的选取，采用了系统动力学和平衡计分卡相结合的模式，从财务、顾客、内部业务流程以及学习与成长四个维度来构建内部绩效的评价指标体系。外部绩效评价的指标主要选取了信息化共享度和供应链影响力两个指标，来考核上下游企业之间的协作效应的强弱，尤其是要重点考核核心制造企业与上游的供应商和下游的经销商之间的协作效应。供应链整体绩效评价指标主要选择了供应链总库存量。虽然只选择这一个单一的指标来评价供应链的整体绩效，但是实际上这个指标的影响因素是非常复杂的，供应链总库存量只是供应链整体绩效的一个直观反映，同时也是最直接的反映。在指标选取的过程中，也考虑了系统动力学建模的需要。这个指标比较适合系统动力学模型的构建需要。

# 6 供应链绩效动态评价模型因果关系图和流图的构建

根据前面章节的论述，初步建立供应链绩效评价指标体系，这套指标体系主要以供应链的核心制造企业作为绩效评价对象建立。在此基础上，需要进一步构建评价指标之间的因果关系模型，并引入流位流率系来构建系统动力学的仿真模型，利用Vensim软件去运行，对供应链的绩效进行评价，并对绩效的长期演化趋势有所认识，在对供应链的当前绩效进行评价的同时，认识绩效的关键驱动因素，为供应链绩效的持续改善和提高提供参考依据和建议。

## 6.1 系统因果关系模型

系统动力学中因果关系图是构建表达系统中变量之间依赖关系的重要工具，通过因果关系图可以定性地描述系统的概念模型，而且为构建定量化的系统流图奠定基础。一般地，构建系统因果关系的概念模型，需要经历变量定义、因果关系分析两个步骤（贾仁安、丁荣华，2002）。

因此，本节在前面章节构建的供应链绩效评价的指标体系的基础上，结合系统动力学建模的需要，适当地引入一些辅助变量，将评价指标之间的因果关系建立起来，为后面的绩效评价奠定基础。在因果模型的构建中，我们依然强调是以供应链的核心制造企业为主要的绩效评价对象。

### 6.1.1 供应链核心制造企业内部绩效评价指标因果关系模型

前一章节已经构建了供应链核心制造企业的内部绩效评价指标体系，下一步需要确定这些指标之间的因果关系，以及引起指标发生变动的关键驱动因素是什么，这就是因果反馈关系分析。

将平衡计分卡与系统动力学结合起来，既可以保证指标体系的系统性和完整性，还能动态地将指标之间复杂的因果反馈关系弄清楚。财务指标是企业绩效的一个综合反映，企业绩效的好坏最终都是通过财务指标表现出来的。根据平衡计分卡的原理，财务指标的变化是受顾客、内部生产经营流程以及学习与成长几个维度指标的影响而产生的，企业取得一定财务绩效后通过加大投资等行为，反过来又通过财务指标影响其他三方面的指标变化，这就是一个因果反馈关系。下面结合我们选取的基本指标，具体分析指标之间的因果反馈关系，并建立核心制造企业内部绩效评价指标之间的因果关系模型。为了更清晰地建立因果反馈关系模型，我们还需要加入一些辅助变量。

（1）顾客维度指标对企业财务绩效的影响

顾客满意度是我们选取的顾客维度的关键指标之一，反映了顾客对企业产品和服务的满意程度。顾客满意度对企业财务指标的影响，主要是通过市场份额的变化带来的，也就是说，顾客满意度如果提高，就会加大购买的力度，企业可以销售更多的产品，从而提高企业的市场份额，获得更多的收益。具体可以通过下面的基本回路来体现这种影响。

回路一：顾客满意度（CSA）→（+）市场份额增加（MPI）→（+）市场份额（MOP）→（+）顾客市场需求（CMN）→（+）经销商订单需求（ROQ）→（+）制造商发货率（MDR）→（+）制造商销售收入（MSR）→（+）制造商利润（MPR）→（+）成本利润率（CPR）。从这条反馈回路中，我们可以看到这是一条正反馈回路，顾客满意度提高，企业的市场份额提高，市场上对企业产品的需求也会增加，经销商会扩大订单，制造商因此可以卖出更多的产品，获得更多的利润，企业的成本利润率提高，根据马士华的顾客满意度综合评价指标，成本利润率是影响顾客满意度的因素之一，因此最终又反馈到顾客满意度变化。所以提高顾客满意度是企业获得利润的重要影响因素。

除了顾客满意度，准时交货率也是我们选取的顾客维度的关键指标。这个指标主要是通过影响顾客满意度来间接影响企业财务绩效，具体指标间的因果反馈关系分析如下。

回路二：准时交货率（OTP）→（+）顾客满意度（CSA）→（+）市场份额增加（MPI）→（+）市场份额（MOP）→（+）顾客市场需求（CMN）→（+）经销商订单需求（ROQ）→（+）制造商发货率（MDR）→（-）制造商成品库存量（MSQ）→（-）缺货率（NEG）→（-）准时交货率（OTP）。准时交货会使企业顾客满意度增加，市场份额增加，市场需求增加，经销商的订单加大，制造商的发货率增加，发货越多，会使制造商的成品库中的库存减少，由此企业缺货的风险增加，缺货率提高，缺货率越高，企业准时交货的可能性就越低，准时交货率降低。从这个反馈回路中，我们看到负反馈回路是具有一定修正和平衡作用的，企业的顾客满意度不可能无限度地提高，如果不能及时供货，会使顾客满意度下降。这说明企业在扩大销售的同时一定要加大存货管理的科学性，保证销售的顺利开展。

（2）内部流程维度指标对财务绩效的影响

企业要生产出使顾客满意的产品，一定要加强内部生产经营流程的管理，在这一维度，我们着重考核了企业的生产柔性，也就是企业是否有足够的生产能力满足生产的需要。为了更好地理解因果反馈关系，我们用了更直观的制造商生产能力指标来研究。

回路三：制造商生产能力（MMA）→（+）企业规模增加（ESI）→（+）市场份额增加（MPI）→（+）市场份额（MOP）→（+）顾客市场需求（CMN）→（+）经销商订单需求（ROQ）→（+）制造商发货率（MDR）→（+）制造商销售收入（MSR）→（+）制造商利润（MPR）→（+）固定资产投资（FAI）。制造商生产能力的增加会带来企业规模的增长，企业总体实力增强，市场份额增加，顾客市场需求随企业实力的增长而增长，经销商会给制造商下更多的订单，制造商的销售增长，最终销售收入和销售利润增加，利润增加之后，企业有更多的实力和能力进行固定资产投资，进一步扩大自己的生产规模。所以，制造商生产能力的提高会促进企业财务绩效的提高。

回路四：产品合格率（PQU）→（+）顾客满意度（CSA）→（+）市场份额增加（MPI）→（+）市场份额（MOP）→（+）顾客市场需求（CMN）→（+）经销商订单需求（ROQ）→（+）制造商发货率（MDR）→（+）制造商销售收入（MSR）→（+）制造商利润（MPR）→（+）员工培训费（EMT）→（+）员工技能增长（ESS）。这条正反馈回路告诉我们一个事实：企业产品合格率提高之后，顾客会对企业的产品质量有更多的信息，顾客满意度会提高，从而带来市场份额的变化，直至影响到企业利润，企业在获得一定利润之后，有能力加大员工的培训力度，提高员工的技能和工作绩效，进一步又促进了产品合格率的提高。这条回路也告诉我们，员工的培训对于企业绩效的提升是有益的。

在内部生产经营流程维度，还有非常重要的库存管理方面的指标要考核，这一部分指标的因果反馈分析我们放到供应链总体绩效评价指标的分析之中一起研究，这一部分就暂不赘述。

（3）学习与成长维度指标对财务绩效的影响

企业要可持续发展，就必须给企业和员工学习成长的机会，对员工来说，要有一定的培训机制确保员工能不断提高技能和工作绩效，企业也要加大研发的力度，这样才能保证内部生产经营流程的顺利运行，并进一步促进顾客满意度和财务绩效的提升。在这一维度，关键指标的因果反馈关系分析如下。

回路五：研发投入（RDI）→（+）制造商成本增加（MCA）→（+）制造商总成本（MTC）→（-）制造商利润（MPR）。这是一条负反馈回路。企业如果要提高技术创新能力，就必须加大研发投入，这样会使企业的成本增加，从而利润减少，随着利润的减少，企业在研发方面的投入也就跟着减少。

回路六：研发投入（RDI）→（+）新产品产量（NPQ）→（+）市场份额增加（MPI）→（+）市场份额（MOP）→（+）顾客市场需求（CMN）→（+）经销商订单需求（ROQ）→（+）制造商发货率（MDR）→（+）制造商销售收入（MSR）→（+）制造商利润（MPR）。这条回路是一条正反馈回路。企业增加研发投入之后，会有更多的新产品研发出来，以满足顾客的需要，因此随着新产品的出现，企业在市场上的份额有可能增加，带来对企业产品需求的增加，企业销量提高，利润增加，由于利润增加，企业的财务能力进一步加强，企业又会加大在研发上的投入力度。

从以上两条回路来分析，研发投入既会增加企业的支出，影响利润，但也会随着新产品的开发而给企业带来更多的利润，所以要看企业的具体情况，是哪一条反馈回路发挥主导作用了。

回路七：员工培训费（EMT）→（+）制造商成本增加（MCA）→（+）制造商总成本（MTC）→（-）制造商利润（MPR）。这是一条典型的负反馈回路，企业为了提高劳动生产率和产品质量，需要对员工进行培训，但是培训费支出会使企业成本增加、利润减少，培训费支出由此受影响也减少。这条反馈回路使得很多企业不愿意在员工培训上有所投入，但是从下面的这条回路我们可以看到，员工培训不仅仅给企业带来成本的增加，还能从另外的角度促进企业利润的提高。

回路八：员工培训费（EMT）→（+）员工技能增长（ESS）→（+）产品合格率（PQU）→（+）顾客满意度（CSA）→（+）市场份额增加（MPI）→（+）市场份额（MOP）→（+）顾客市场需求（CMN）→（+）经销商订单需求（ROQ）→（+）制造商发货率（MDR）→（+）制造商销售收入（MSR）→（+）制造商利润（MPR）。从这条回路就能很明显看出，对员工进行培训可以促进员工技能的提高，从而提高产品合格率，产品质量提高之后，顾客满意度也会提高，企业的市场份额增加之后，就能卖出更多的产品，最终实现利润的增加。结合回路七和回路八可以看出，员工培训费不仅仅就是一种支出，更能给企业带来利润的持续增长。

通过上面对供应链核心制造企业内部绩效评价指标的因果关系分析，我们可以构建出内部绩效评价指标的因果关系模型，具体如下：

图6-1这个因果关系图包含了我们分析的几个因果反馈链的内容，适当地增加了若干辅助变量。围绕着财务指标，我们可以很清晰地看到其他三个维度的指标是如何影响企业财务指标的。此外，在图中我们还标注了延迟的影响。比如说，员工培训费可以促进员工技能增长，但是这需要一定的时间才能达到效果，所以培训费的发生并不能立刻提高员工的工作技能。再比如，研发投入可以提高

企业创新能力并提高新产品的产量，但是从研发投入到新产品生产出来是需要时间的，先要有一个研究开发过程，还要有一个将研究成果转化为实际生产运用的过程，所以延迟才是符合实际情况的处理。

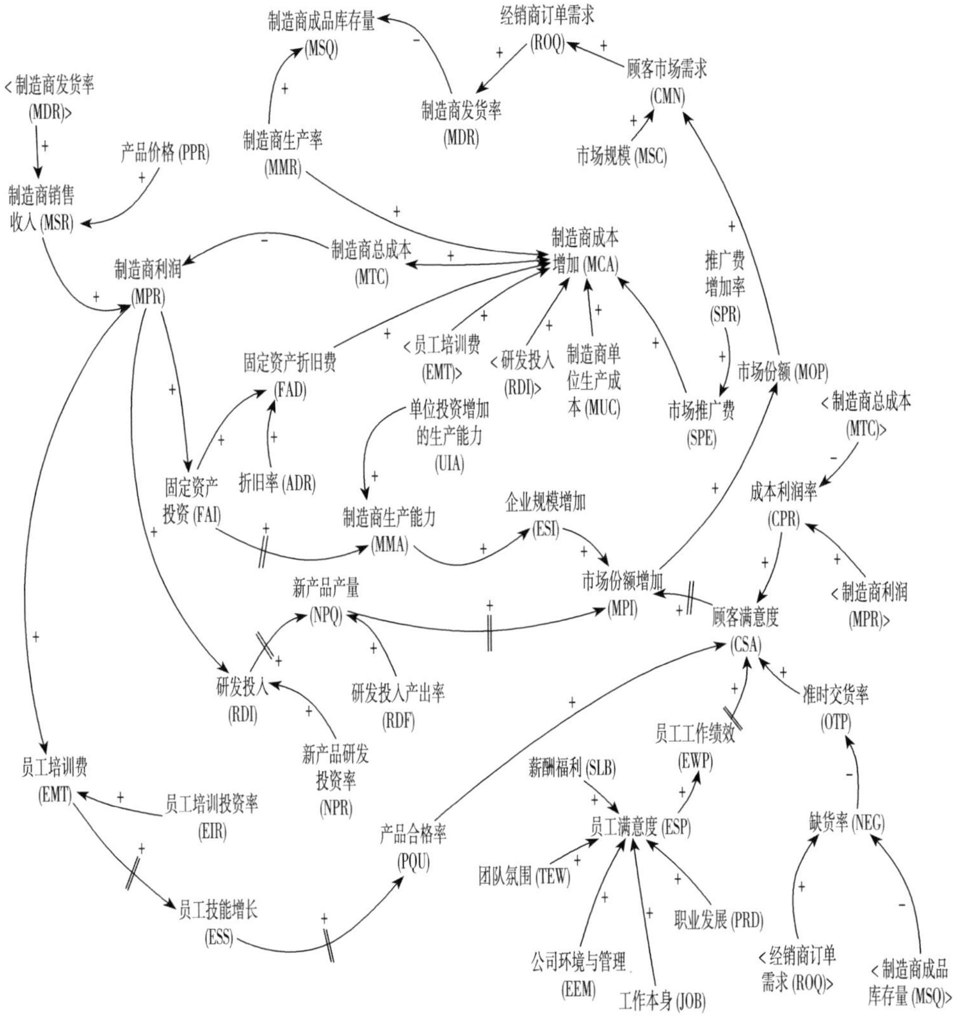


**图 6-1　供应链核心制造企业内部绩效指标因果关系图**

### 6.1.2　供应链核心制造企业外部绩效评价指标因果关系模型

供应链核心企业外部绩效评价，也可以称为合作伙伴绩效评价，是对供应链上下游环节企业之间协作的运行状况的评价，主要考察上下游企业之间的合作关系的紧密程度。在前面的指标选取部分，我们选取了供应链影响力、信息化共享度两个主要评价指标。

（1）供应链影响力指标的因果关系分析

供应链的影响力是指供应链对其他企业的影响和吸引。为这个指标构建了如下因果反馈回路。

回路九：供应链的影响力（SIM）→（+）供应链新增成员数（SCM）→（+）供应链成员数（SUM）→（-）信息化共享度（ISP）→（-）制造商总成本（MTC）→（-）制造商利润（MPR）。

这是一条负反馈回路。一般来说，供应链成员企业合作越紧密，供应链协同效应就越明显，供应链上的企业可以实现共赢，所以我们认为节点企业的效益越好，供应链的影响力就越大，那么加入供应链的企业数会增加。但随着供应链上加入的企业越来越多，信息的传递和共享就越来越难，所以信息化共享度会随着供应链成员数的增加而下降。信息化共享度对制造商的成本是有影响的，具体理由我们将在下面的信息化共享度指标的因果反馈模型中解释。信息化共享度越低，制造商就越不能合理地安排生产和库存，从而增加制造商的总成本，降低制造商的利润，利润的降低会带来供应链影响力的下降，但随着供应链成员数不再增长，信息共享程度提高，制造商的生产安排更为合理之后会降低成本，带来利润的提高，这样周而复始。所以我们还是要强调负反馈回路是平衡回路。

回路十：供应链的影响力（SIM）→（+）供应链新增成员数（SCM）→（+）供应链成员数（SUM）→（-）信息化共享度（ISP）→（-）制造商总成本（MTC）→（-）成本利润率（CPR）→（+）顾客满意度（CSA）→（+）市场份额增加（MPI）→（+）市场份额（MOP）→（+）顾客市场需求（CMN）→（+）经销商订单需求（ROQ）→（+）制造商发货率（MDR）→（+）制造商销售收入（MSR）→（+）制造商利润（MPR）。

这条反馈回路就将外部绩效评价和内部绩效评价紧密地结合起来了。前面一部分的因果关系和上一条回路是一样的，供应链影响力增加影响到制造商总成本提高之后，成本利润率下降，根据我们前面的分析，成本利润率是影响顾客满意度的一个因素，因此降低了顾客满意度，使得市场份额下降，经销商订单需求减少，制造商的发货率下降，制造商销售收入下降，制造商的利润下降，进一步使得供应链影响力下降，但由于供应链新增成员数的下降，使得信息化共享度会提高，进而最终影响到制造商利润增加。这条回路和上面的那条反馈回路一样，是一条带有修正和平衡作用的负反馈回路。

（2）信息化共享度指标的因果关系分析

供应链信息共享是指在供应链各合作伙伴之间，利用信息共享的平台和技术，共享各类相关信息，如顾客的需求信息、上下游企业的库存信息等，建立供应链各节点企业之间的信任关系（Bok et al.，2002），从而形成供应链管理的系统化和节点企业的共赢。

信息共享是整个供应链运作的基础，供应链的成员只有基于信息共享平台才能展开互相合作，通过信息共享可以更合理地安排各自的生产和库存。

钟哲辉（2009）在其学位论文中，详细阐述了信息共享对于供应链上制造商和经销商的影响，他认为制造商在信息共享时的利润比不信息共享时要高。同时，在他的论文中用实证的方法验证了制造商在信息共享时会因为共享成本的提高，使得利润下降。叶飞等（2009）以广东珠三角地区制造业企业为调查对象，对供应链信息共享影响因素进行了验证，他们的研究表明，供应链伙伴间信息化水平落差会影响到信息共享程度。也就是说供应链伙伴间的信息技术落差会影响彼此间的信息分享程度，也就是说每个企业的信息化程度都会影响到供应链的信息化共享程度。所以，我们在选择信息化共享程度作为绩效评价指标的时候，进一步选择了企业的信息化程度指标作为影响信息化共享程度的因素。Raghunathan（2003）研究了由一个制造商和N个经销商组成的供应链共享需求信息的价值，分析了供应链成员中共享信息的经销商最优化数量，并论证了生产商的最优合作伙伴的数量等，这个研究表明供应链中成员数量会影响到信息化共享程度。结合他们的研究成果，我们有理由相信供应链成员数和企业的信息化程度都会影响信息化共享度，而信息化共享度又会影响制造商的成本，制造商因为信息共享可以合理地安排其生产和库存，合理地确定订货次数等，从而降低成本。在这一思路下，我们构建了信息化共享度的反馈回路。

回路十一：信息化共享度（ISP）→（-）制造商总成本（MTC）→（-）制造商利润（MPR）→（+）信息化程度（IND）。这条回路非常清晰地分析出信息化共享程度越高，制造商从信息共享中获得的信息越充分，通过合理安排生产计划等可以使总成本下降，成本下降之后，利润有所提升，将可能会有更多的资源被投入到信息化的建设中，从而提高企业的信息化程度，缩小与供应链其他企业的信息技术差距，进一步提高供应链的信息化共享程度，这是一条正反馈回路。

回路十二：信息化共享度（ISP）→（-）制造商总成本（MTC）→（-）制造商利润（MPR）→（+）供应链的信息化共享度（ISP）影响力（SIM）→（+）供应链新增成员数（SCM）→（+）供应链成员数（SUM）→（-）信息化共享度（ISP）。这条回路分析了信息化共享度与供应链影响力两个指标之间的相互影响路径。信息化共享度会给制造商带来总成本的降低，从而利润增加，企业所在的整个供应链会因为链上的核心企业利润的提升而增加吸引力和影响力，所以供应链影响力扩大，会吸引更多的企业加入到这一供应链中，总成员数增加，随着成员数的增加，由于文化、信息技术等差异的存在，使得整个供应链的信息化共享度下降。如此循环作用下去，直至供应链上的成员数基本保持稳定，信息化共享度不断增强，实现节点企业的共赢。

回路十三：信息化共享度（ISP）→（-）制造商总成本（MTC）→（-）成本利润率（CPR）→（+）顾客满意度（CSA）→（+）市场份额增加（MPI）→（+）市场份额（MOP）→（+）顾客市场需求（CMN）→（+）经销商订单需求（ROQ）→（+）制造商发货率（MDR）→（+）制造商销售收入（MSR）→（+）制造商利润（MPR）→（+）信息化程度（IND）。这条回路分析了信息化共享度指标与内部绩效评价指标之间的具体关联路径，前面已经分析信息化共享度会影响到制造商总成本，从而是成本利润率提高，进而提高顾客满意度，之后沿着我们在内部绩效评价中已经构建好的路径，会逐渐地影响到制造商利润，企业有更好的能力提高信息化程度，以加强供应链信息化共享度。这是正反馈回路。

回路十四：信息化共享度（ISP）→（-）制造商总成本（MTC）→（-）成本利润率（CPR）→（+）顾客满意度（CSA）→（+）市场份额增加（MPI）→（+）市场份额（MOP）→（+）顾客市场需求（CMN）→（+）经销商订单需求（ROQ）→（+）制造商发货率（MDR）→（+）制造商销售收入（MSR）→（+）制造商利润（MPR）→（+）供应链的影响力（SIM）→（+）供应链新增成员数（SCM）→（+）供应链成员数（SUM）→（-）信息化共享度。这条回路将外部绩效评价指标之间的关系，以及内部绩效评价指标和外部绩效评价指标之间的因果关系进行了充分的揭示，有利于我们最终画出评价指标之间的因果关系模型。

（3）外部绩效评价指标的因果关系图

通过上面对供应链核心制造企业外部绩效评价指标的因果关系和反馈回路进行分析，我们勾勒出回路九至回路十四这几条主要的因果反馈回路，基本找到推动这些评价指标的主要因素，由此我们就可以做出这些指标之间相互影响和作用的因果关系图（如图6-2所示）。

在图6-2的因果关系图中，需要强调的是虽然顾客满意度会带来市场份额的增加，但是会存在时间上的延迟，也就是说顾客的满意不可能立刻体现在需求的增长上，在后面的系统动力学流图方程的构建中，在函数的选择上，我们就需要充分考虑延迟的存在。

### 6.1.3 供应链整体绩效评价指标因果关系模型

通过对供应链管理，使得各节点企业的战略目标与供应链整体目标保持一致，可以促进供应链整体绩效的提高。如果供应链的整体绩效较好，说明节点企业之间产生了协同效应，能够实现一定程度的信息共享，并能根据获得的信息制定合理的生产计划或采购计划，使供应链中资源合理流动，缩短物流周期，减少库存，降低物流成本，提高物流效率，从而提高企业的整体竞争力。因此这种信

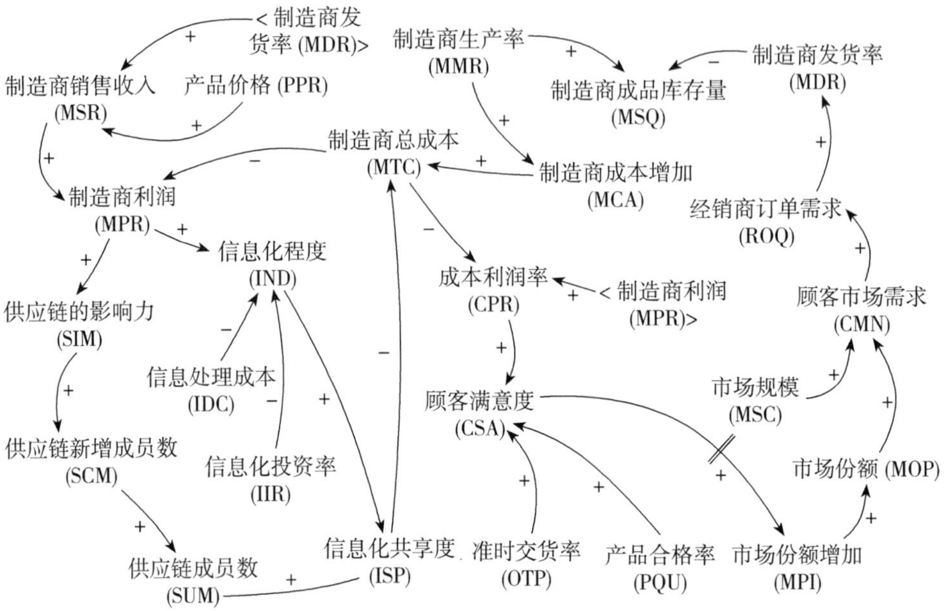


**图6-2 供应链核心制造企业外部绩效评价指标因果关系图**

息的交换和共享，使得供应链上的所有节点企业都能根据需求来确定自己的库存，使得整个供应链库存总量大幅度下降，减少了链上企业的资金占用和库存成本，还避免了缺货现象的发生。只要供应链的基本工作流程得到改进，整体绩效能得到改善，那么就能够降低总库存水平，消除重复与浪费，缩减员工数量，减少总成本支出，提高工作效率，减少顾客抱怨，提高顾客忠诚度，由此，供应链管理也就获得了成功。总而言之，供应链的库存管理水平是供应链整体绩效的一个缩影。因此在对供应链整体绩效进行评价的时候，选择了供应链库存总成本和供应链总库存量指标来综合反映整个供应链的绩效。

供应链总库存量由供应链上供应商、制造商、经销商的库存量加总得到，因此我们将供应链总库存量指标进一步分解为供应商库存量、制造商成品库存量和经销商库存量三个指标。在设计对这几个指标进行考核的时候，指标之间因果关系取决于供应链库存管理的方法。传统的库存技术基于单个企业的角度来管理库存，与供应链上其他企业之间没有进行很好的沟通和协调，这样会造成多余的库存，从而增加企业的成本。但是，供应链管理可以很好地从企业合作的角度消除整条供应链上多余的库存。目前，供应链库存管理技术主要包括供应商管理库存（VMI）、联合库存管理（JMI）以及协同规划、预测和补给（CPFR）。VMI是以供应链上的合作伙伴获得最低成本为目的，在一个共同的协议下，由供应商设立库存、确定库存水平和补给策略、拥有库存控制权，该方法体现了供应链的集成化管理思想。JMI是一种基于协调中心的库存管理方法，它强调供需双方同时参与，相互协调，共同制定库存计划，可消除供应链上的需求变异和放大现象。CPFR是一种协同式的供应链库存管理技术，它能同时降低销售商的存货量，增加供应商的销售量，其最大优势是能及时准确地预测由各项促销措施或异常变化带来的销售高峰和波动，从而使销售商和供应商都能做好充分的准备。

这些思想更为先进的供应链库存管理模式为我们构建供应链总库存量指标的影响因素和辅助变量提供了思路。为了防止出现“牛鞭效应”，供应商、制造商和经销商要信息共享，也就是说制造商在确定库存水平的时候不能依据经销商的订单，而应该和经销商在信息共享的前提下，共同根据顾客市场需求来决定补货或生产数量和库存水平。仍然以制造商为例，制造商根据共享的顾客市场需求信息，决定自己的期望库存，然后根据自己的实际库存，确定实际库存与期望库存之间的库存偏差，结合顾客市场需求，确定制造商期望达到的生产能力，并以此确定产量。在这个思路下，可以增加顾客市场需求、制造商库存偏差（MSG）、制造商期望库存（MWS）、制造商期望生产能力（MWA）、期望库存覆盖时间（WCT）等辅助变量，其中期望库存覆盖时间（WCT）指的是基于维持足够库存和及时响应顾客的考虑，而持有一定时间的库存，该时间段就是期望库存覆盖时间。

经销商和供应商也可以增加一些类似的辅助变量，以构建完整的因果反馈关系。加入了适当的辅助变量之后，我们构建了如下反馈回路：

（1）经销商库存量因果关系回路

回路十五：经销商库存量（RSQ）→（-）经销商库存偏差（RSG）→（+）经销商订单需求（ROQ）→（+）制造商发货率（MDR）。这是一条负反馈回路，经销商库存量增加，经销商的实际库存与目标库存之间的库存偏差就会缩小，库存偏差越小，经销商向制造商订货量就越少，那么制造商向经销商发货也就较少。

（2）制造商成品库存量因果关系回路

回路十六：制造商成品库存量（MSQ）→（-）制造商库存偏差（MSG）→（+）制造商期望生产能力（MWA）→（+）制造商生产率（MMR）。这条回路和上一条经销商的反馈回路原理是相同的，制造商库存量越多，实际库存与期望库存之间的库存偏差就相对小，那么制造商生产量跟着减少，产量减少自然会引起库存量的减少。这条回路主要分析了引起制造商成品库存量发生变化的主要流入因素。

（3）供应商库存量因果关系回路

回路十七：供应商库存量（SSQ）→（-）供应商库存偏差（SSG）→（+）

原材料采购率（MAR）→（+）供应商采购率（SPR）。这是一条反映供应商库存量变化的因果关系回路，原材料的采购率（MAR）是指供应商根据制造商对原材料的需求来确定的单位时间步长内应采购的原材料，供应商采购率（SPR）是指供应商为了满足制造商对原材料的需求在单位时间步长内实际采购的数量。从这条回路我们看到供应商的库存量如果增加，那么实际库存与期望的原材料采购率之间就会产生供应商库存偏差，库存偏差又会进而影响供应商采购率，采购率增加，供应商的库存量也在增加。

以上主要是分析了供应链整体绩效评价指标的因果关系，但是还没有分析整体绩效评价指标与供应链内外部绩效评价指标之间存在哪些因果关系。因此，下一章节将进一步分析供应链内外部绩效与供应链整体绩效之间的因果关系（如图6-3所示）。

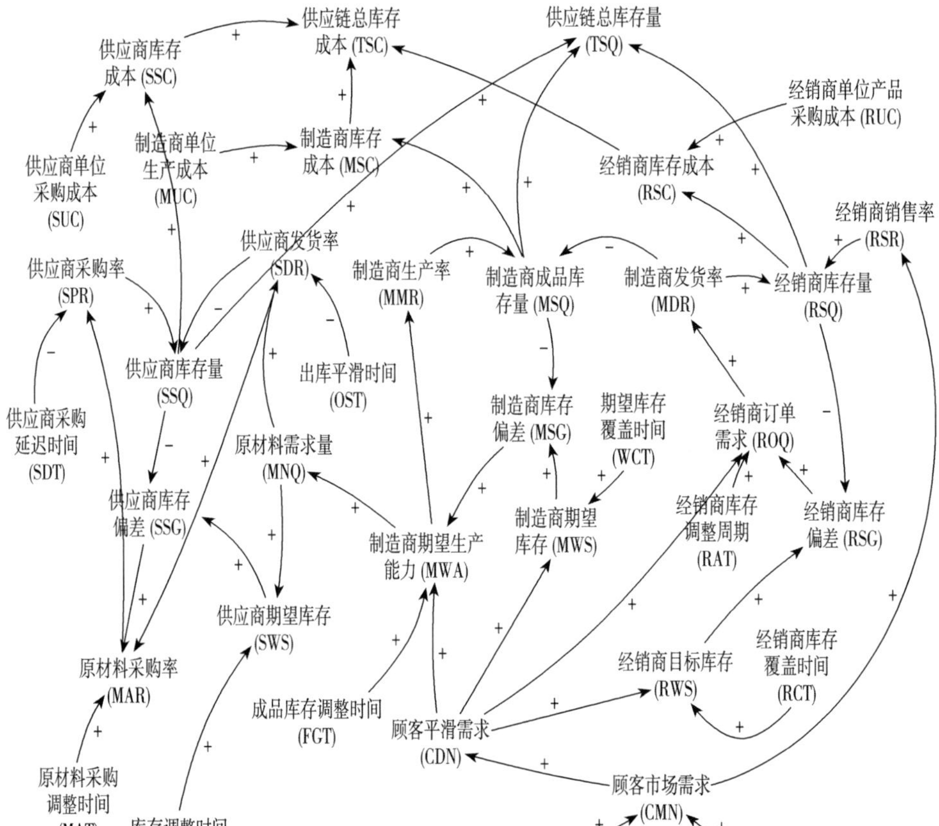


图6-3 供应链整体绩效评价指标因果关系图

### 6.1.4 核心制造企业内外部绩效与整体绩效评价指标相结合的因果关系模型

根据上一部分的分析，目前已经分别分析了核心制造企业基于平衡计分卡的四个维度建立的基本评价指标因果关系图和反馈回路，以及供应链整体绩效评价指标存在的因果关系。至于这几类指标之间的因果关系，我们在前面也有一定涉及，但是不够系统和全面，因此再具体分析内外部绩效和整体绩效之间的因果关系，主要从库存量的角度来具体分析。

回路十八：经销商库存量（RSQ）→（-）经销商库存偏差（RSG）→（+）经销商订单需求（ROQ）→（+）缺货率（NEG）→（-）准时交货率（OTP）→（+）顾客满意度（CSA）→（+）市场份额增加（MPI）→（+）市场份额（MOP）→（+）顾客市场需求（CMN）→（+）经销商销售率（RSR）。

经销商库存增加，那么经销商库存偏差就会缩小，经销商的订单需求也减少，制造商缺货的可能性下降，准时交货的可能性提高，准时交货会带来顾客满意度的提升，顾客愿意购买更多的产品，产品市场份额增加，经销商销售率提高，最终引起经销商库存量的增加。从这条回路我们可以看出客户需求不一定是越多越好，如果经销商不能及时提供客户所需产品，缺货率提高，准时交货率会随着缺货率的提高而降低，这会影响顾客满意度，产品的市场份额下降，需求减少经销商销售率下降，积压在经销商仓库中的产品增加，即经销商库存增加。这条回路很清晰地告诉我们库存量越大，缺货的可能性越小，顾客满意度就不容易下降。但是，库存量越大，库存成本也越高，所以企业就需要设定合理的库存水平，既能满足销售的需要，还能保持尽可能低的库存水平。

回路十九：经销商库存量（RSQ）→（-）经销商库存偏差（RSG）→（+）经销商订单需求（ROQ）→（+）制造商发货率（MDR）→（+）制造商销售收入（MSR）→（+）制造商利润（MPR）→（+）成本利润率（CPR）→（+）顾客满意度（CSA）→（+）市场份额增加（MPI）→（+）市场份额（MOP）→（+）顾客市场需求（CMN）→（+）经销商销售率（RSR）。这条回路是在回路十五的基础上延伸出来建立的整体绩效与内部绩效评价指标之间的因果关系。经销商库存量增加之后，库存偏差减少，经销商的订单需求减少，制造商的发货率也下降，销量的下降引起制造商利润的下降，然后通过利润对成本利润率的影响，经过若干个内外部绩效评价指标因果关系的传递，最终影响到市场份额和顾客市场需求，经销商销量下降，带来经销商库存的增加。

回路二十：制造商成品库存量（MSQ）→（-）缺货率（NEG）→（-）

准时交货率（OTP）→（+）顾客满意度（CSA）→（+）市场份额增加（MPI）→（+）市场份额（MOP）→（+）顾客市场需求（CMN）→（+）制造商期望库存（MWS）→（+）制造商库存偏差（MSG）→（+）制造商期望生产能力（MWA）→（+）制造商生产率（MMR）。这条回路解释了制造商成品库存量与供应链内外部绩效评价指标之间的因果反馈关系。制造商库存量的增加，缺货率降低，准时交货率上升，顾客满意度会增加，进而通过一系列因果关系影响了制造商的期望库存，期望库存越高，与实际库存之间的库存偏差就会越大，制造商期望生产能力就要增加，生产量增加，库存最终增长。

回路二十一：制造商成品库存量（MSQ）→（+）制造商库存偏差（MSG）→（+）制造商期望生产能力（MWA）→（+）制造商生产率（MMR）→（+）制造商成本增加（MCA）→（+）制造商总成本（MTC）→（+）制造商利润（MPR）→（+）成本利润率（CPR）→（+）顾客满意度（CSA）→（+）市场份额增加（MPI）→（+）市场份额（MOP）→（+）顾客市场需求（CMN）→（+）经销商销售率（RSR）→（+）经销商库存量（RSQ）→（+）经销商库存偏差（RSG）→（+）经销商订单需求（ROQ）→（+）制造商发货率（MDR）。这条长长的回路揭示了制造商库存、经销商库存和内外部绩效评价指标之间的因果关联。这些因果关系已经分别在前面的回路中解释过，这里就不再赘述。

综上所述，上面的几个回路很清晰地反映出内部绩效、外部绩效、供应链整体绩效是会相互影响的，因此要实现供应链的持续稳定发展，节点企业光追求自身的利益是不够的，一定要将企业自身利益与供应链整体利益结合起来，才能真正实现可持续的发展。将三部分绩效评价指标综合，并依据上面的回路分析，供应链绩效评价指标体系完整的因果关系呈现如图6-4所示。

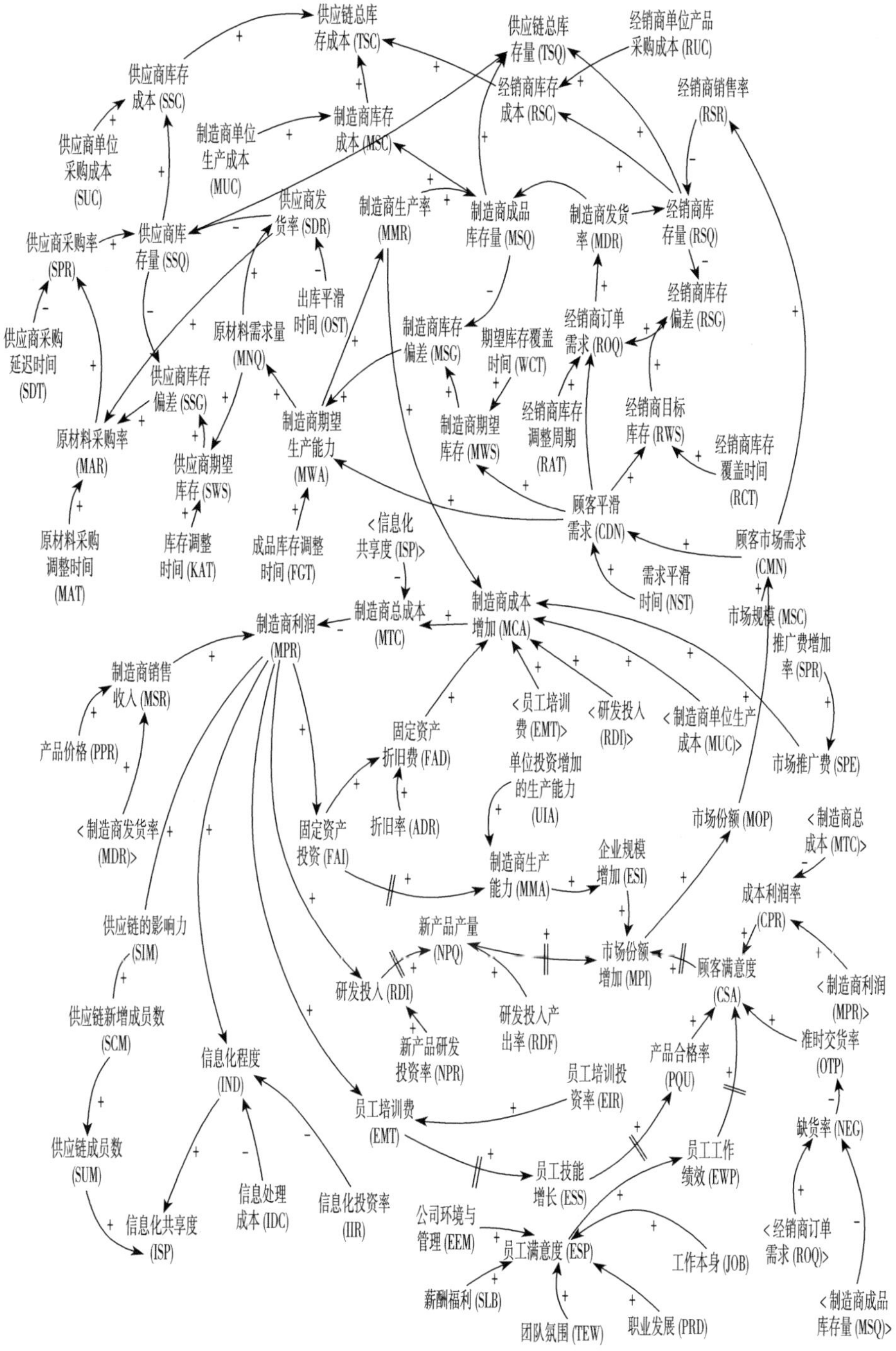


图 6-4 供应链绩效评价全部指标的因果关系图

## 6.2 系统流图模型

因果关系图主要刻画了变量之间的关联关系，但是还无法完全依靠因果关系图来具体衡量供应链的绩效，需要将变量之间的因果关系进一步量化。但要建立两个变量的量的关系，就需要构建流位流率系，将因果关系图转换为流图。从因果关系图至流图，对系统的分析已经发生了质的变化，流图包含了变量之间的数量方程式，可以进行定量的分析。

因而，本节在上一节确立的供应链绩效评价指标因果关系图的基础上，定义出流位流率系，以及变量方程，构建起系统流图，并通过Vensim软件进行仿真输出。

### 6.2.1 建立流位流率系

（1）流位与流率变量

流位与流率变量是系统动力学模型中的主要变量，其中流位变量（LEV(t)）是一个积累变量，随时间变化在初始值的基础上逐渐累积，积累的速度受流率变量（RAT(t)）的影响。流率变量是引起流位变量变化的速度。如果我们将使得流位变量增加的流率变量设为流入率R1(t)，使得流位变量（LEV(t)）减少的流率变量设为流出率R2(t)，那么流位和流率变量的关系方程式为：

$$RAT(t)=R1(t)-R2(t)$$

同时，每个流位变量LEV(t)与其流率变量RAT(t)满足以下微分方程：

$$\frac{dLEV(t)}{dt}=RAT(t)$$

每个流位变量必须有初始值，这是因为上述微分方程如果要有特解，就必须给出初始条件：

$$LEV(t)\Big|_{t=t_0}=LEV(t_0)$$

（2）流位流率系子结构

根据上面关于流位流率变量的概念，以及结合前面章节我们已经构建好的因果关系图，可以确定供应链绩效评价模型的流位率系。

①供应链核心制造企业绩效评价财务维度子结构

在财务维度中，我们的关键绩效指标有制造商总成本（MTC）、制造商利润（MPR）、制造商销售收入等。制造商利润（MPR）由于存在随时间变化的累积效应，而且会有变化的速度，所以是流位变量，与之相关的流入率是制造商销售收入（MSR），流出率是当期成本（CUC）。因此，定义系统中的第一个流位流率：

< MPR(t)， MPR(t)+MSR(t)-CUC(t) >

制造商总成本（MTC）也是随时间而累积改变的变量，因此我们把它也作为一个流位变量，它的流入率是制造商成本增加（MCA），流出率是总成本降低（TCD）。我们定义以下的流位流率系：

< MTC(t)， MTC(t)+MCA(t)-TCD(t) >

②供应链核心制造企业顾客维度指标子结构

在顾客维度，我们选取了市场份额（MOP）做为流位变量，因为这是一个随时间而累积的变量，选取了市场份额增加（MPI）做为流入率指标。我们没有再用其他的流出率指标，一是因为在正常情况下，企业的市场份额应该是向上增长的发展趋势，二是因为即使市场份额出现了负增长，我们可以用市场份额增加指标的负数来表示流率的变化。因此，我们继续定义了以下的流位流率系：

< MOP(t)， MPI(t) >

③供应链核心制造企业内部生产经营流程维度指标子结构

在内部生产经营流程维度，库存管理是我们绩效考核的关键，因此我们将制造商成品库存量（MSQ）作为流位变量，这个变量是一个累积变量，随时间而累积。制造商生产率（MMR）会造成制造商的成品库存量（MSQ）增加，因此做为流入率变量。制造商发货率（MDR）会使制造商成品库存量减少，因此是流出率变量。我们定义了以下的流位流率系：

< MSQ(t)， MSQ(t)+MMR(t)-MDR(t) >

④供应链核心制造企业学习与成长维度指标子结构

在学习与成长维度，我们主要需要考核企业的技术创新和员工培养方面的情况，但是出于简化模型复杂度的需要，我们暂时在这个维度不设置流位和流率变量，但是我们仍然设置了研发投入（RDI）、新产品产量（NPQ）、员工满意度（ESP）等辅助变量，并可以观察这些辅助变量引起企业绩效变化的清晰路径，同样达到了我们进行绩效评价的目的。

⑤供应链核心制造企业外部绩效指标子系统

外部绩效主要考核核心企业与上下游企业之间的协作程度，在我们的因果图中可以看到，我们主要设置了供应链成员数（SUM）和信息化共享度（ISP）这两个考核指标。我们将信息化共享度（ISP）定为辅助变量，选择了供应链成员数（SUM）作为流位变量，因为这是一个非常明显的随时间累积而变化的变量，并将供应链新增成员数（SCM）作为它的流入率变量。因此，定义了以下流位流率系：

< SUM(t)， SCM(t) >

⑥供应链整体绩效指标子系统

对于供应链整体绩效的评价，我们选择了供应链总库存成本（TSC）和供应链总库存量（TSQ）这两个关键指标。由于供应链的总库存成本受供应链总库存量的直接影响，所以我们进一步深入对供应链总库存量（TSQ）的研究。我们进一步确定，供应量总库存量其实是由供应链上三个节点企业的库存量决定的，所以最后选择了供应商库存量（SSQ）、制造商成品库存量（MSQ）和经销商库存量（RSQ）这三个指标作为流位变量，其中制造商成品库存量（MSQ）我们在前面建好了流位流率系，所以在此不再赘述。关于供应商库存量（SSQ），将与之关联的供应商采购率（SPR）作为流入率变量，供应商发货率（SDR）作为流出率变量。关于经销商库存量（RSQ）这个流位变量，与之相关联的流入率变量和流出率变量分别是制造商发货率（MDR）和经销商销售率（RSR）。因此，定义了以下的流位流率系：

$< SSR(t),\ SSR(t)+SPR(t)-SDR(t) >$

$< RSQ(t),\ RSQ(t)+MDR(t)-RSR(t) >$

最终，我们得到具有7个子结构的流位流率系：

$\{< MPR(t),\ MPR(t)+MSR(t)-CUC(t) >,\ < MTC(t),\ MTC(t)+MCA(t)-TCD(t) >,$

$< MOP(t),\ MPI(t) >,\ < MSQ(t),\ MSQ(t)+MMR(t)-MDR(t) >,\ < SUM(t),\ SCM(t) >,$

$< SSR(t),\ SSR(t)+SPR(t)-SDR(t) >,\ < RSQ(t),\ RSQ(t)+MDR(t)-RSR(t) >\}$

### 6.2.2 确定流位控制流率的定性二分部图

通过前面对因果图的定性分析，可以为流位流率对之间构建定性分析的二分部图（如图6-5和图6-6所示），有利于分析子结构之间的关系。

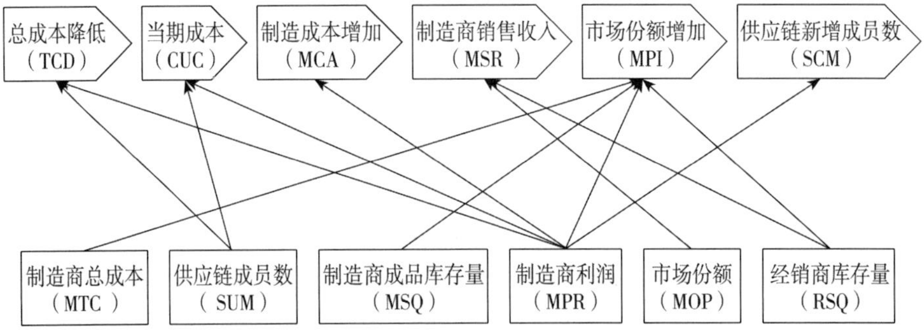


**图6-5 流位控制流率的定性分析二分部图（一）**

从图6-5和图6-6中可以看到，每个流率都至少受到一个流位变量的控制，有的流率变量受多个流位变量的控制。例如市场份额增加（MPI）受到制造商利润（MPR）、制造商成品库存量（MSQ）、制造商总成本（MTC）、经销商库存量

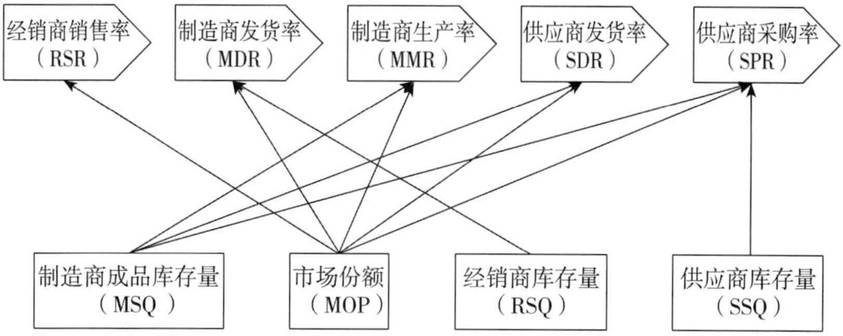


**图6-6 流位控制流率的定性分析二分部图（二）**

（RSQ），这说明有些子系统相互影响和作用，已经形成了比较复杂的反馈动态性系统，将在后面的仿真推演中进一步分析。

### 6.2.3 流率基本入树模型及变量方程

从二分部图中我们可以看到，在一个流位流率系中我们有七个流率流位对，而且每个流率都和多个流位存在路径关系。这样复杂的路径关系使得建模过程变得非常复杂，我们也很难辨析清楚系统结构。贾仁安（2000）提出的流率入树法很好地解决了这个问题。流率入树法就是在确定了流位流率对之后，按照建立基本流率入树的方式，构建以流率为树根的子系统，并通过嵌运算获得整个流图模型，大大简化了建模过程，也使得系统结构更为清晰。还需要说明的是，由于我们建模的目的是对供应链绩效进行动态的评价，所以很多指标的取值以及流位变量的初始值都和被评价企业是有关的，所以在后面的案例仿真中我们再确定这些数值，本章节只是把变量之间的数学关系基本方程构建起来。

根据流率基本入树法，我们构建了如下七个子结构的基本流率入树模型。为了更清晰地分析系统结构，我们将流入率和流出率分开建模。

（1）制造商销售收入（MSR）流率基本入树模型（如图6-7所示）

制造商销售收入（MSR）与产品价格（PPR）、制造商发货率（MDR）有关，但由于制造商发货率（MDR）只是单位时间发货量，所以为了计算出某时间段内的总发货量，还需要考虑绩效考核时间跨度，因此SAVEPER也是相关变量。

$$MSR(t)=PPR(t)\times MDR(t)\times SAVEPER \tag{1}$$

制造商发货率（MDR）的方程我们将在下面的流率入树模型中介绍。

（2）当期成本（CUC）流率基本入树模型（如图6-8所示）

当期成本（CUC）就是制造商成本增加（MCA）与总成本降低（TCD）之差，计算方程式如下：

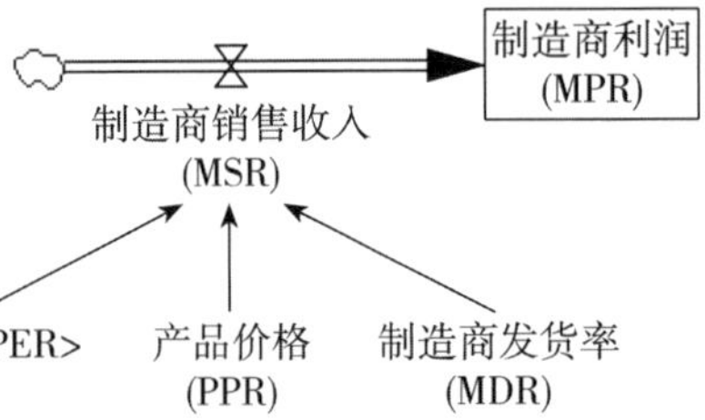


图 6-7　制造商销售收入（MSR）流率基本入树模型

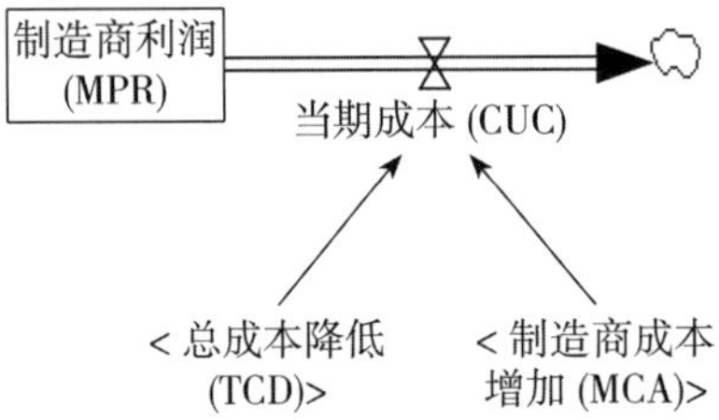


图 6-8　当期成本（CUC）流率基本入树模型

$$CUC(t)=MCA(t)-TCD(t) \tag{2}$$

总成本降低（TCD）和制造商成本增加（MCA）两个变量的计算方程式在后面两个变量各自的流率入树模型中介绍。

（3）制造商成本增加（MCA）流率基本入树模型（如图 6-9 所示）

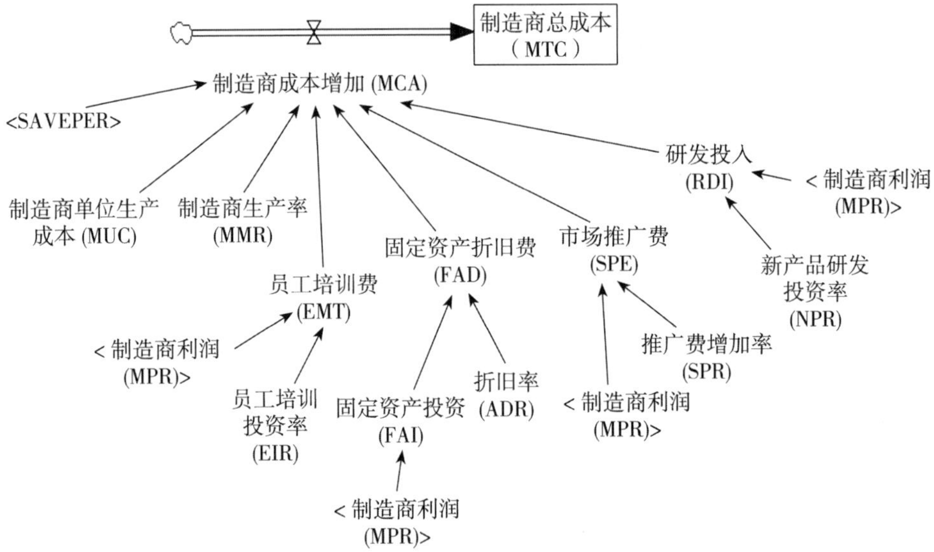


图 6-9　制造商成本增加（MCA）流率基本入树模型

制造商成本增加（MCA）是当期员工培训费、固定资产折旧费、市场推广费、研发投入，以及当期生产制造成本的合计，计算方程式如下：

$$MCA(t)=MUC(t)\times MMR(t)\times SAVEPER+EMT(t)+FAD(t)+SPE(T)+RDI(T) \quad (3)$$

制造商生产率（MMR）的方程将在此变量自己的流率入树模型中介绍。员工培训费（EMT）是企业在员工培训方面的投入，是制造商利润（MPR）与员工培训投资率（EIR）的乘积，具体计算方程如下：

$$EMT(t)=EIR(t)\times MPR(t) \quad (4)$$

员工培训投资率（EIR）是一个固定的比值，也就是常量，具体的取值取决于实际进行绩效评价时评价客体的实际情况。

固定资产折旧费（FAD）是根据固定资产投资（FAI）和折旧率（ADR）的乘积计算，计算方程式如下：

$$FAD(t)=FAI(t)\times ADR(t) \quad (5)$$

固定资产投资（FAI）指的是当年新增加的固定资产投资，我们用其在利润中的比例来计算，计算方程式如下：

$$FAI(t)=k_1\times MPR(t) \quad (6)$$

公式中的$k_1$是指新增固定资产在当年利润中所占比重。由于我们建模的目的是对企业进行绩效评价，因此$k_1$的取值取决于绩效评价企业的实际情况，企业可以根据自己的绩效考核目标，选择行业平均投资比率、行业最高投资比率、行业最低投资比率，或者企业历史平均投资比率等来确定$k_1$的取值。

市场推广费（SPE）的计算原理和固定资产投资（FAI）相同，都是用当年利润中的一定比重来计算当年发生的市场推广费，具体计算方程如下：

$$SPE(t)=FAI(t)\times SPR(t) \quad (7)$$

（4）总成本降低（TCD）流率基本入树模型（如图6-10所示）

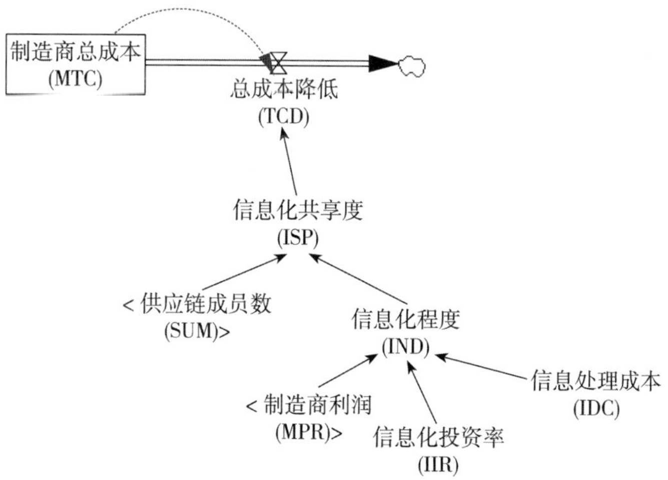


图6-10 总成本降低（TCD）流率基本入树模型

总成本降低（TCD）是引起核心制造企业总成本减少的主要因素。从供应链管理的角度来看，核心制造企业和上下游企业之间加强沟通和信息共享，是可以获得供应链协同效应的，所以信息化共享度（ISP）是影响核心制造企业总成本降低的主要因素，这也是外部绩效的体现，这个观点我们可以从相关的文献中找到。张欣，马士华（2009）实证分析得出信息化共享和协同合作会提高供应链上各成员以及整个供应链绩效，主要通过供应链成员企业成本和供应链总成本减低来实现，并且成本降低约22%，根据他们的研究，得出总成本降低（TCD）与信息化共享度（ISP）之间的相关系数为0.22。同时，由于选取的信息化共享度（ISP）不是一个增加量指标，也就是说只有信息化共享度达到一定的程度才能引起成本的降低，初步确定为信息化共享度（ISP）在50%以上时才能很好地发挥信息共享作用，所以在确定总成本降低（TCD）与信息化共享度（ISP）之间的关系方程时，使用IF THEN ELSE函数比较恰当，具体方程如下：

TCD(t) = MTC(t)×（IF THEN ELSE（ISP（t）>0.5，0.22，0））　　(8)

在信息化高度发展的时代，供应链管理对现代信息技术的依赖性越来越强，信息化程度为信息化共享提供必要的技术支撑和共享平台，信息化共享度（ISP）和企业的信息化程度（IND）是密切相关的。与此同时，在衡量供应链信息化共享度的时候还需要考虑供应链成员数（SUM）。一般来说，成员数越多，成员企业之间的信息技术落差就可能越大，而FORSTER等（2001）指出，供应链伙伴间的信息技术落差太大会影响到彼此间的信息分享程度。在这些研究基础之上，我们构建了信息化共享度（ISP）的方程如下：

ISP(t) = IND(t)/SUM(t)　　(9)

企业的信息化程度（IND）是企业在信息化上的投资与信息处理成本（IDC）之间的比例关系，企业在信息化上的投资取决于制造商利润（MPR）和信息化投资率（IIR），具体方程如下：

IND(t) = MPR(t)×IIR(t)/IDC　　(10)

信息化处理成本（IDC）是个常量，取决于被评价企业的实际情况。

（5）市场份额增加（MPI）流率基本入树模型

根据因果分析，市场份额增加（MPI）的流率基本入树模型如图6-11所示。

企业的市场份额增加（MPI）是受到很多因素的影响，首先是企业规模对市场份额的影响（SMI）。一般来说，企业规模越大，生产的规模效应可以发挥作用，在市场上的竞争优势也越明显。新产品产量对市场份额的影响（QMI）同样会对市场份额产生影响，新产品产量是我们考核产品柔性的一个指标，一般认为，企业新产品生产的越多，产品更新换代较快，可以满足市场上顾客需求的变化，或者用新产品增加对顾客的吸引力，这样企业的市场份额就增长越快。除了以上两个变量，顾客满意度对市场份额影响（CMI）也是一个很重要的影响因素。

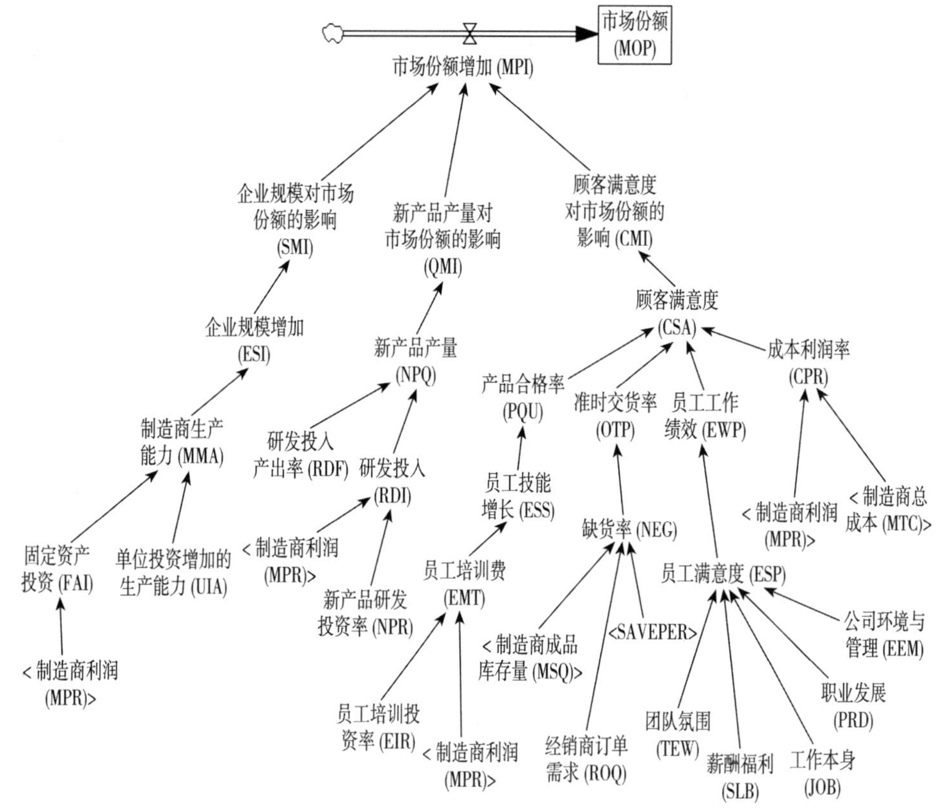


**图6-11 市场份额增加（MPI）流率基本入树模型**

刘金兰（2005）介绍了Fornell教授以瑞典国家满意度调查所做的顾客满意度研究中，已经验证了顾客满意度和市场份额之间是有关联的。所以市场份额增加（MPI）的方程式如下：

$$MPI(t) = SMI(t) + DELAY1(QMI(t), 3) + DELAY1(CMI(t), 3) \tag{11}$$

在上面的公式中，新产品产量和顾客满意度对市场份额的影响，都用了DELAY1这个一阶延迟函数，主要是因为企业新产品生产出来之后，需要一个宣传和消费者感知与接受的过程，所以不会立刻增加市场份额，有一个延迟。同理，顾客满意度提高和市场份额增加之间也是存在延迟的，暂时把延迟时间定为3个时间周期，实际进行绩效评价的时候可以根据实际情况进行调整。

企业规模对市场份额的影响（SMI）主要是与企业规模增加（ESI）有关。这两者之间没有很明显的数量关系，所以我们可以借助以往的实证研究结果或被评价企业的实际情况，用表函数的方式表达两个变量之间的数学关系，我们暂时不给出具体的数据，在进行仿真的时候根据企业的实际情况来给出。方程式如下：

SMI(t) = WITH LOOKUP（ESI（t））　(12)

企业规模增加（ESI）在制造业企业来说主要是由于生产能力增加的结果，所以制造商生产能力（MMA）是主要影响因素，我们建立方程式：

ESI(t) = MMA(t)　(13)

制造商生产能力（MMA）是由于增加固定资产投资带来了生产能力的增加，所以与固定资产投资（FAI）和单位投资增加的生产能力（UIA）这两个变量有关，方程式构建如下：

MMA(t) = FAI(t) × UIA　(14)

在上式中，UIA是个常量，和每个企业的行业特征、生产性质等有直接的关系，我们暂赋值0.02，实际评价时可根据情况进行调整。

固定资产投资（FAI）我们主要考虑投资额与利润之间的关联，即表现为制造商利润（MPR）的一定比例，这个比例我们暂定为0.4，可以根据具体情况调整。我们构建如下方程式：

FAI(t) = MPR(t) × 0.4　(15)

新产品产量对市场份额的影响（QMI）是受新产品产量（NPQ）的影响，但是新产品产量与市场份额变化之间的关系很难用数学式表达，所以用表函数更为合适。但是建立表函数的数值这里暂时无法确定，因为企业在不同的行业，不同的产品性质等都可能会有不同的数值关系，所以具体评价时就结合被评价企业的实际情况做出表函数的图表，方程式如下：

QMI(t) = WITH LOOKUP（NPQ（t））　(16)

新产品产量（NPQ）取决于企业在新产品上的研发投入，以及投入的产出率，也就是说研发投入（RDI）和研发投入产出率（RDF），方程式如下：

NPQ(t) = RDI(t) × RDF　(17)

研发投入产出率（RDF）是个常量，在实际案例中从被评价企业获得。至于研发投入（RDI），和制造商利润（MPR）和新产品研发投资率（NPR）有关，具体计算方程如下：

RDI(t) = MPR(t) × NPR　(18)

新产品研发投资率是个常量，来源于被评价企业的实际情况。

顾客满意度对市场份额影响（CMI）就是顾客满意度与市场份额变化之间的关系，可以通过顾客满意度的指标值与市场份额变化的数据比较得到，可以用表函数来反映。关于顾客满意度和市场份额之间到底是正相关还是负相关，目前并没有一个统一的结论。林盛、康键（2006）认为，高的顾客满意度会对市场份额产生一个正效应，然而市场份额增加可能会导致顾客不满意的情况增加，因为顾客需求的异质性提高了，公司有可能穷于应付顾客的各种需求而被顾客牵着鼻子走，也可能由于份额的提高，服务跟不上，导致服务质量的下降，这些说明顾客满意度不总是导致市场份额的提高。进一步的，根据Fornell教授等对瑞典1989和1990年一些企业顾客满意度和市场份额的原始数据以及年度变化情况的分布图，二者分布在短期内是下降的，但是从长期来看，顾客满意度的提升对于市场份额的提高还是有正面的影响，二者最终存在一个平衡点，所以我们构建了如下的表函数方程：

CMI(t) = WITHLOOKUP(CSA(t)) （[（0.1，-0.06）-（1，0.006）]，（0.0889908，-0.00355263），（0.105505，-0.0110789），（0.215596，-0.00876316），（0.289908，-0.00673684），（0.361468，-0.0038421），（0.4，-0.00239474），（0.427523，0.00107895），（0.5，0.0034），（0.6，0.005），（0.7，0.0037807），（0.8，0），（0.9，-0.015），（0.95，-0.04），（1，-0.055））　（19）

顾客满意度（CSA）表示顾客满意程度的一个变量，影响顾客满意度的因素也有很多。关于顾客满意度的衡量，马士华（2000）提出用产品合格率、准时交货率、成本利润率三个指标来衡量顾客满意度，实际上也就是从质量、可靠性、顾客价值几个方面来衡量。关于准时交货率与顾客满意度的关系，通过查找文献，沙敏华（2009）以长三角地区制造业企业为样本，实证分析了物流柔性对顾客满意度的影响。Day（1994）等人认为，物流柔性指企业快速有效地应对顾客对于运输、交付和服务等需求变化的能力，它包含四个要素：物流供应柔性、采购柔性、分销柔性和需求管理柔性，其中物流供应柔性是指企业快速有效地提供配送、调达生产所需物资能力。所以，选取的准时交货率这个辅助变量其实是物流供应柔性的体现之一。在沙敏华的研究中，物流供应柔性对顾客满意度的效应为0.20，所以先将准时交货率与顾客满意度的相关系数定为0.2。马士华提出的另外两个指标的关联系数暂定为0.4和0.4。

除了这几个影响因素，我们在前面的指标设置章节，已经论述了员工满意度也会对顾客满意度产生影响，但是两者之间不是直接地发挥作用，而是通过中间传导因子的作用将影响进行传递，实证证明中间传导因子中员工工作绩效是最核心的传导因素，也就是说员工满意度通过员工工作绩效的传导影响了顾客满意度。所以员工工作绩效也是影响顾客满意度的因素，至于两者之间的相关系数，易牧农等（2010）通过实证得出员工工作绩效和顾客满意度的路径系数为0.522。为了得出顾客满意度（CSA）的方程式，我们必须先要将这几个效应系数归一化，归一化之后我们得到员工工作绩效（EWP）、产品合格率（PQU）、准时交货率（OTP）、成本利润率（CPR）与顾客满意度（CSA）的相关系数分别为：0.34，0.26，0.2，0.2。因此，方程式如下：

$$CSA(t) = DELAY1(EWP(t) \times 0.34 + PQU(t) \times 0.26 + OTP(t) \times 0.2 + Min(CPR(t), 1) \times 0.2, 4) \quad (20)$$

在上面的方程中，我们用了延迟函数，是因为这些因素对顾客满意度的影响是有延迟的。此外，由于成本利润率CPR（t）很可能大于1，所以采用了取最小值函数MIN，防止顾客满意度出现不正常的计算结果。

产品合格率（PQU）受员工技能增长（ESS）的影响，员工技能增长了，产品合格率就可以得到保证。由于员工技能增长是对产品合格率的提高的影响，为了计算产品合格率的现实值，我们需先设定一个最基本的合格率，这里我们暂定为0.8。此外，员工技能的增长并不会立刻反映出产品合格率的提高，这中间也是存在延迟的，所以我们构建方程式如下：

$$PQU(t) = DELAY1(0.8 + ESS(t)/10, 4) \tag{21}$$

员工技能增长（ESS）主要是由于员工接受了企业的培训，所以员工培训费（EMT）是和员工技能增长（ESS）有直接关系的。由于员工培训费（EMT）是一个绝对值，因此借助指数函数将其进行处理之后得到相对值。员工培训费支出后，由于有个培训期，员工有学习和吸收并转化为实际技能的过程，所以员工培训费的发生和员工技能的提高之间是有延迟的，所以构建如下方程式：

$$ESS(t) = DELAY1(1 - EXP(-EMT(t)/1000, 10) \tag{22}$$

员工培训费（EMT）与制造商利润（MPR）和员工培训投资率（EIR）有关，员工培训投资率（EIR）是个常量，与被评价企业的实际情况相关。计算公式如下：

$$EMT(t) = MPR(t) \times EIR \tag{23}$$

准时交货率（OTP）指的是制造商在各种情况影响下生产出顾客需要的产品并按时交货的比率，所以这是生产柔性和数量柔性的一定体现，也是缺货率（NEG）的相反数，计算如下：

$$OTP(t) = 1 - NEG(t) \tag{24}$$

缺货率（NEG）表示的是制造商由于货物短缺，无法按时交货的可能性。制造商货物短缺主要是因为成品的库存量小于经销商的订单需求，所以缺货率的计算就和经销商订单需求（ROQ）和制造商成品库存量（MSQ）有关，缺货率（NEG）的取值范围应该是[0，1]。方程如下：

$$NEG(t) = IF\ THEN\ ELSE\ ((ROQ(t) \times SAVEPER - MSQ(t)) > 0, (ROQ(t) \times SAVEPER - MSQ(t))/ROQ(t) \times SAVEPER, 0) \tag{25}$$

员工工作绩效（EWP）是将员工满意度传导到顾客满意度的中间传导因子，前面介绍的易牧农等（2010）经过实证研究，认为员工工作绩效（EWP）和员工满意度（ESP）之间的相关性为0.31，所以我们构建方程式如下：

$$EWP(t) = ESP(t)*0.31 \tag{26}$$

员工满意度（ESP）是衡量员工对企业整体满意程度的一个重要指标，员工满意度的测量模型有很多，为了构建数量关系的需要，借鉴了徐兰等（2008）对员工满意度的测量模型。徐兰等（2008）通过调查研究，选取了薪酬福利、职业发展、团队氛围、工作本身、公司管理、公司环境六个因素作为评价员工满意度的指标，并通过实证分析，得出了这几个因素与员工满意度的关联系数分别是0.25，0.1，0.1，0.15，0.3，0.1。在这里，把公司管理与公司环境合为一个影响因素，所以相关系数为0.3+0.1=0.4。员工满意度（ESP）的方程式如下：

$$ESP(t) = SLB(t)*0.25 + PRD(t)*0.1 + TEW(t)*0.1 + JOB(t)*0.15 + EEM(t)*0.4 \quad (27)$$

薪酬福利（SLB）、职业发展（PRD）、团队氛围（TEW）、工作本身（JOB）、公司环境与管理（EEM）这四个变量是常数，要获得具体数据需要到被评价企业去做实地调研和深度访谈，必要的时候还可以采用问卷调查的方式获得需要的数据。

成本利润率（CPR）是利润与成本的比率，既反映了制造商的盈利能力，又能影响到顾客满意度，因为制造商的盈利越好，越有能力为顾客提供服务，从而提高顾客满意度。成本利润率（CPR）计算如下：

$$CPR(t) = MPR(t)/MTC(t) \quad (28)$$

（6）供应链新增成员数（SCM）流率基本入树模型（如图6-12所示）

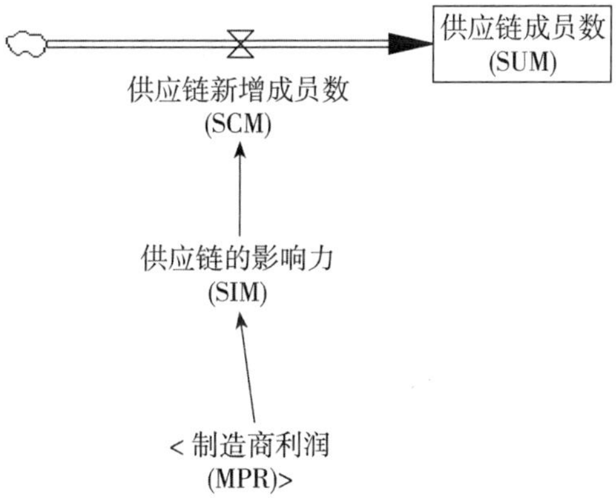


**图6-12 供应链新增成员数（SCM）流率基本入树模型**

供应链新增成员数（SCM）是指制造商所在供应链在某一时间内新增加的成员数，一般来说，新增加的成员数越多，说明供应链整体运作良好，供应链的整体影响力和吸引力也越大，所以用供应链的影响力（SIM）作为此变量的影响因素，由于供应链的影响力（SIM）是一个小于1的比率，所以我们初步设定的计算方程式如下：

$$SCM(t) = SIM(t)*5 \quad (29)$$

之所以乘以5是因为初步假定供应链影响力范围至少是5个成员。具体评价时可以根据实际情况调整这一数值。

供应链的影响力（SIM）是指某供应链对其他企业的影响程度，主要受核心企业的盈利水平的影响，所以制造商利润（MPR）和这个变量有关，在这里我们将制造商利润（MPR）指数化以确定SIM的值。指数化是非常普遍的一种将大额的绝对数化为比率或较小值的方法，所以我们构建的方程式如下：

SIM(t) = 1 - EXP(-MPR(t)/100 000)　　（30）

之所以除以100 000，是根据经验和被评价企业的情况而定的，这个数值也是需要随被评价企业的不同而相应调整的。

（7）经销商销售率（RSR）流率基本入树模型（如图6-13所示）

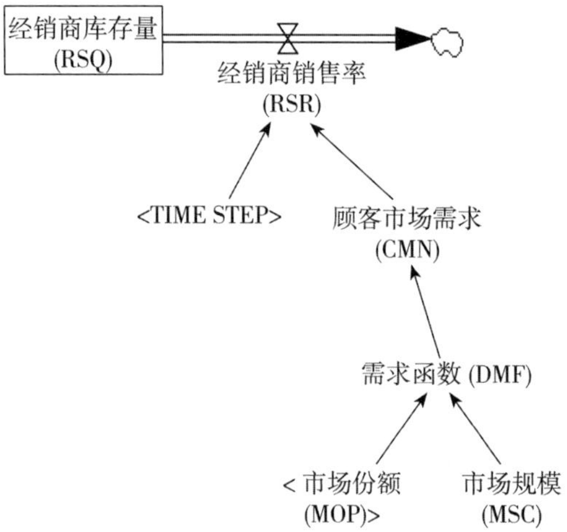


**图6-13　经销商销售率（RSR）流率基本入树模型**

经销商销售率（RSR）是指经销商向顾客在单位时间的销售量，主要受顾客市场需求（CMN）的影响。但是顾客需求到经销商实际销售还是有延迟的，所以在构建经销商销售率（RSR）的方程时运用了延迟函数，具体如下：

RSR(t) = DELAY1(CMN(t),TIMESTEP)　　（31）

顾客市场需求（CMN）是指顾客市场在单位时间内的需求量，受需求函数（DMF）的影响。方程如下：

CMN(t) = DMF(t)　　（32）

需求函数（DMF）受整个市场规模（MSC）和企业的市场份额（MOP）的影响，方程如下：

DMF(t) = MSC(t)*MOP(t)/360　　（33）

上面公式中之所以除以360，是因为假设给出的市场规模是整个市场某产品一年的总需求量，如果需求函数是日需求量的话，就需要将年销量的数据除以360换算成平均日销量。

市场份额（MOP）这个流位变量已经在上面介绍，这里不再重复说明。

（8）制造商发货率（MDR）流率基本入树模型（如图6-14所示）

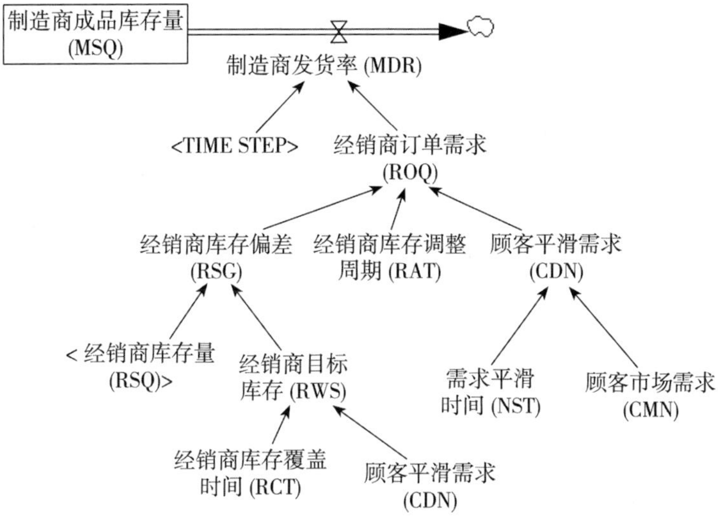


图6-14 制造商发货率（MDR）流率基本入树模型

制造商发货率（MDR）是指制造商在单位时间内的发货量，主要是由经销商订单需求（ROQ）决定的，同时考虑延迟，构建方程如下：

MDR(t) = DELAY1(ROQ(t),TIMESTEP) （34）

经销商订单需求（ROQ）是指经销商在单位时间内订单数。首先和经销商库存量有关。市场的需求有关，如果经销商目标库存（RWS）大于经销商库存量（RSQ），那么经销商就存在库存偏差，这是需要下单补足的。之外，经销商还需要根据市场需求设置一个基本库存量，这个基本库存量是将顾客市场需求采用三阶指数平滑的方法得出，这也是很多学者都采用的方法。所以说经销商订单需求（ROQ）就是经销商库存偏差（RSG）和顾客市场需求的平滑函数顾客平滑需求（CDN）共同影响。方程如下：

ROQ（t）= IF THEN ELSE（RSG(t) = 0,CDN(t),RSG(t)/RAT + CDN(t)） （35）

经销商库存偏差（RSG）是指经销商库存量（RSQ）达不到经销商目标库存（RWS）的差额，如果库存量小于目标库存，那么差额就是库存偏差。但若库存量大于目标库存，那么就不存在库存偏差，此时偏差为0，根据这个思路构建方程如下：

RSG(t) = MAX(RWS(t) − RSQ(t),0) （36）

经销商目标库存（RWS）是指经销商根据客户的需求和经销商库存覆盖时间（RCT）决定库存量。客户的需求是将顾客市场需求三阶平滑之后得到顾客平滑需求（CDN）。经销商库存覆盖时间（RCT）是指经销商的库存满足销售需要所需要的时间，是常量，数值视具体情况而定。方程如下：

RWS(t) = CDN(t)*RCT (37)

顾客平滑需求（CDN）就是顾客市场需求（CMN）的三阶平滑，我们将需求平滑时间（NST）作为平滑的时间，这也是一个常量。方程如下：

CDN(t) = SMOOTH3(CMN(t),NST) (38)

（9）制造商生产率（MMR）流率基本入树模型（如图6-15所示）

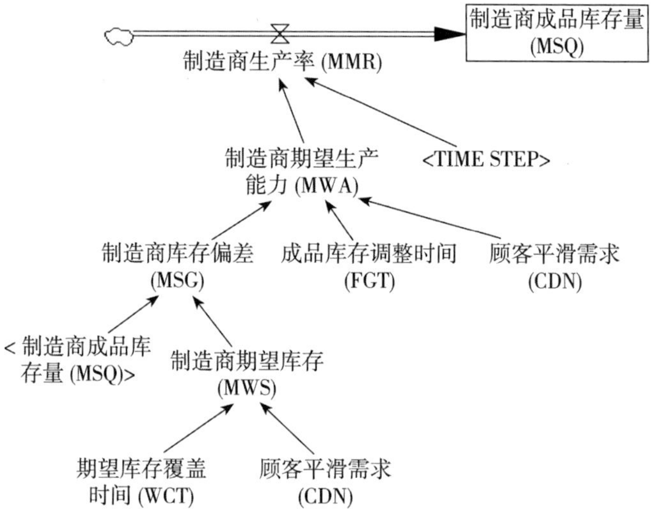


**图6-15 制造商生产率（MMR）流率基本入树模型**

制造商生产率（MMR）是指制造商在单位时间内的生产量，由制造商的期望生产能力（MWA）决定。同时，考虑延迟，方程如下：

MMR（t）=DELAY1（MWA（t），TIME STEP） (39)

制造商期望生产能力（MWA）是制造商期望达到的生产能力，由顾客平滑需求（CDN）、制造商库存偏差（MSG）和成品库存调整时间（FGT）决定，具体方程如下：

CDN（t）=IF THEN ELSE（MSG（t）=0，CDN（t），MSG（t）/FGT+CDN（t）） (40)

上式中，成品库存调整时间（FGT）是常量，由被评价企业的实际情况决定。

制造商期望库存偏差（MSG）受制造商期望库存（MWS）与制造商成品库存量（MSQ）两个因素影响，具体计算方程式如下：

MSG(t) = MAX(MWS(t) - MSQ(t),0) (41)

制造商期望库存（MWS）是指制造商根据客户需求和期望库存覆盖时间（WCT）决定的库存量，期望库存覆盖时间（WCT）是个常量，视具体情况而定。计算方程如下：

MWS(t) = CDN(t)*WCT （42）

（10）供应商发货率（SDR）流率基本入树模型（如图6-16所示）

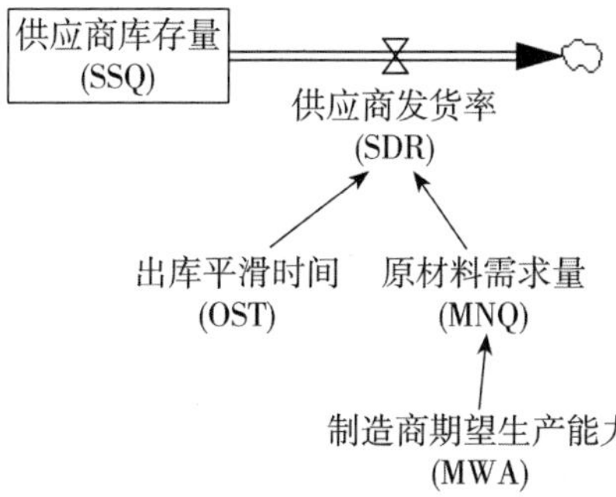


**图6-16　供应商发货率（SDR）流率基本入树模型**

制造商决定生产量之后，就需要根据产品所耗原材料的情况，向供应商购买原材料。所以供应商的发货受制造商原材料需求的影响。供应商发货率（SDR）是指供应商在单位时间内的发货量，制造商下单到供应商发货存在一定的延迟，所以用制造商的原材料需求量（MNQ）的平滑计算，方程式如下：

SDR(t) = SMOOTH(MNQ(t), OST) （43）

出库平滑时间（OST）是个常量。

原材料需求量（MNQ）是指制造商的原材料需求，由制造商的期望生产能力（MWA）延迟确定，方程如下：

MNQ(t) = MWA(t) （44）

制造商的期望生产能力（MWA）前面已经述及，因此不再赘述。

（11）供应商采购率（SPR）流率基本入树模型（如图6-17所示）

供应商采购率（SPR）是指供应商在单位时间内的采购量，主要由原材料采购率（MAR）决定，考虑到采购的时间延迟，我们构建方程如下：

SPR(t) = DELAY1(MAR(t), SDT) （45）

供应商采购延迟时间（SDT）是个常量。

原材料采购率（MAR）是指供应商在单位时间内的采购量。这个变量主要是由供应商发货率（SDR）和供应商库存偏差（SSG）决定，也就是说供应商需要采购的原材料是供应商销售出去的原材料加上库存原材料和期望库存之间差额。具体计算方程如下：

MAR(t) = SDR(t) + SSG(t)/MAT （46）

原材料采购调整时间（MAT）是指供应商从采购到入库所需要的时间。

供应商库存偏差（SSG）是指供应商的实际库存量低于期望库存量的数值，计算如下：

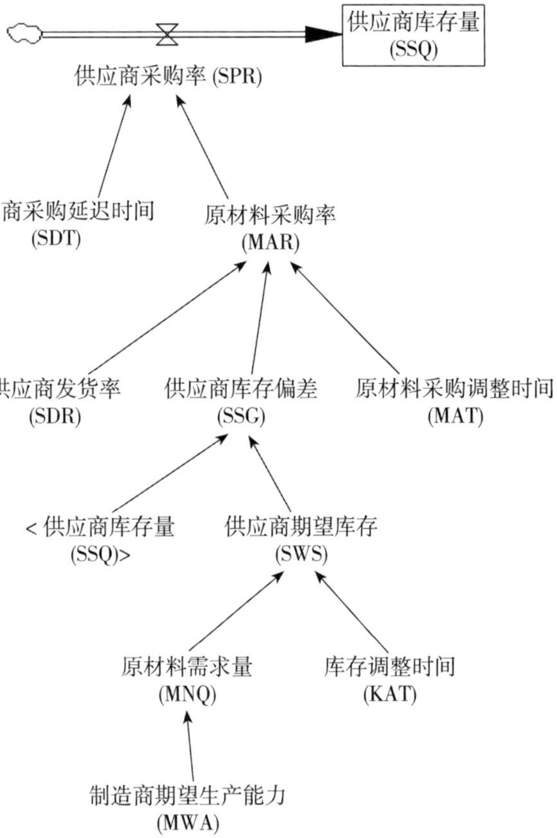


**图6-17 供应商采购率（SPR）流率基本入树模型**

SSG(t) = MAX(SWS(t) - SSQ(t), 0) （47）

供应商期望库存（SWS）是指供应商根据制造商的基本情况所决定的库存量。计算如下：

SWS(t) = MNQ(t)*KAT （48）

供应商的库存调整时间（KAT）是个常量。

原材料需求量（MNQ）由供应商的期望生产能力（MWA）决定，关系如下：

MNQ(t) = MWA(t) （49）

除了上述的这些变量之外，还有几个变量是没有包括在里面的，也就是供应链总库存成本（TSC）和供应链总库存量（TSQ）。这两个变量设置的目的主要是进行整体绩效评价的影响，它们受三个库存量方面的流位变量和若干辅助变量的影响，下面我们给出具体的计算公式：

TSQ(t) = SSQ(t) + MSQ(t) + RSQ(t) （50）

TSC(t) = SSQ(t)*SUC + MSQ(t)*MUC + RSQ(t)*RUC （51）

其中，供应商单位采购成本（SUC）、制造商单位生产成本（MUC）和经销商单位产品采购成本（RUC）都是常量，具体数值由被评价企业的实际情况确定。

### 6.2.4 系统整体流图模型

根据前面的流位控制流率二分部图和流率基本入树模型，我们可以得到系统的整体流图模型。如图6-18所示，我们的模型其实分为了上下两部分，上面一部分是供应链整体绩效评价子系统，主要是围绕着库存量的控制来评价；模型的下面一部分就是供应链核心制造企业内部绩效和外部绩效的评价，主要围绕着财务指标的变化来探讨财务绩效的驱动因素有哪些。上下两部分形成了一个较完整的供应链绩效评价体系，两部分之间也不是完全割裂开来，也是相互影响和作用的，由此可见供应链核心制造企业的绩效会影响到整个供应链绩效，反之，供应链整体绩效的提升也会反过来促进核心企业的进一步发展。所以，只有形成真正的供应链战略联盟，供应链上的节点企业才能实现共赢。

构建的此模型共有方程51个，其中流位变量7个，流率变量11个，常量24个，辅助变量37个，表函数3个。在前面的流图模型中，我们已经给出了流率变量、辅助变量等之间相互关系的方程式，但是没有给出流位变量的方程式，因而将7个流位变量的方程列示如下：

①制造商利润（MPR）的方程：

$$MPR(t)=MPR(t-\Delta t)+MSR(t-\Delta t)-CUC(t-\Delta t) \tag{52}$$

②制造商总成本（MTC）的方程：

$$MTC(t)=MTC(t-\Delta t)+MCA(t-\Delta t)-TCD(t-\Delta t) \tag{53}$$

③市场份额（MOP）的方程，值域在[0，1]：

$$MOP(t)=MOP(t-\Delta t)+MPI(t-\Delta t) \tag{54}$$

④供应链成员数（SUM）的方程：

$$SUM(t)=SUM(t-\Delta t)+SCM(t-\Delta t) \tag{55}$$

⑤供应商库存量（SSQ）的方程：

$$SSQ(t)=SSQ(t-\Delta t)+SPR(t-\Delta t)-SDR(t-\Delta t) \tag{56}$$

⑥制造商成品库存量（MSQ）的方程：

$$MSQ(t)=MSQ(t-\Delta t)+MMR(t-\Delta t)-MDR(t-\Delta t) \tag{57}$$

⑦经销商库存量（RSQ）的方程：

$$RSQ(t)=RSQ(t-\Delta t)+MDR(t-\Delta t)-RSR(t-\Delta t) \tag{58}$$

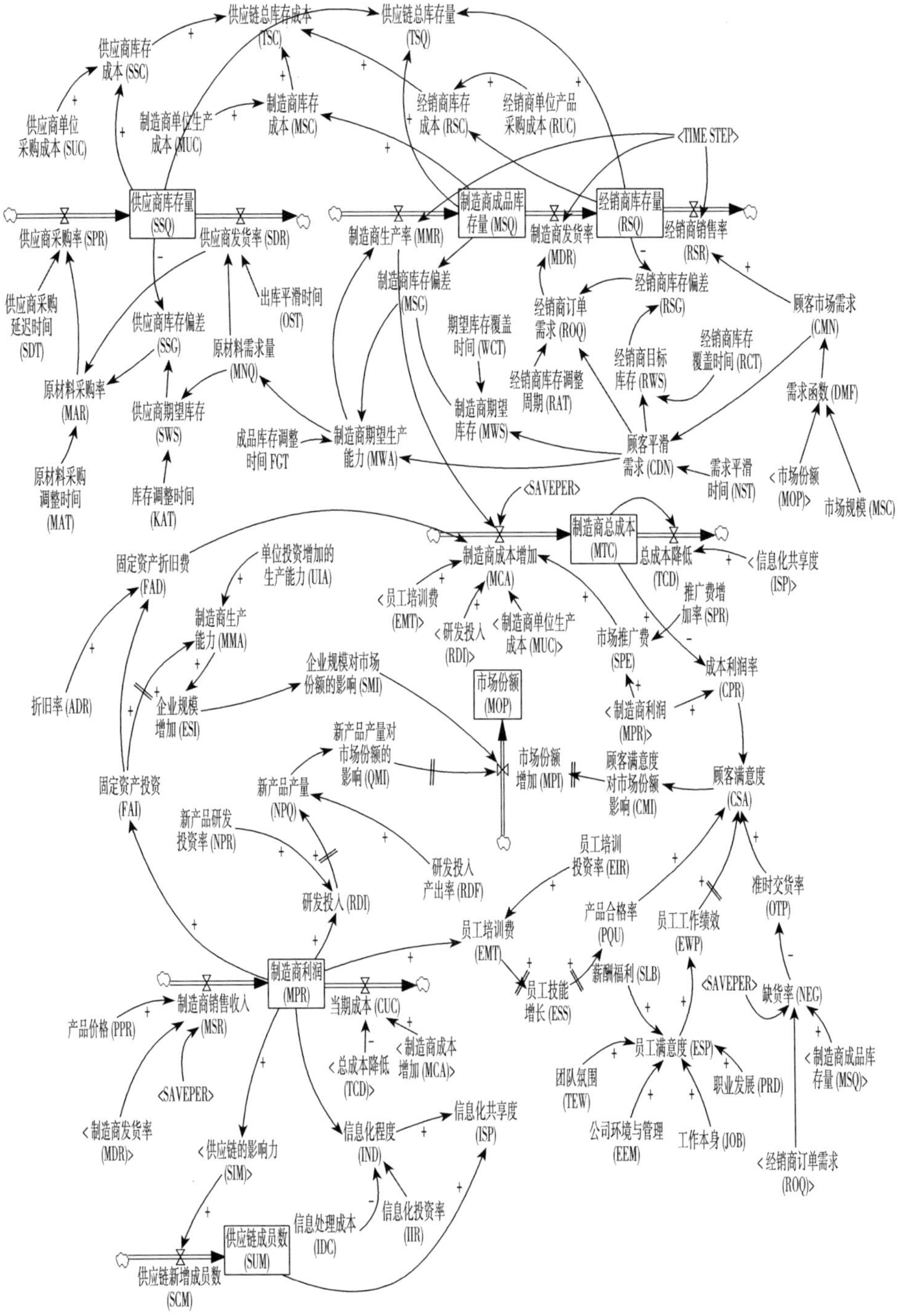


图 6-18　供应链绩效动态评价的整体流图

## 6.3 本章小结

本章在前一章节构建的供应链绩效评价指标体系的基础上，利用系统动力学的建模方法构建了绩效动态评价的因果关系图和系统流图，具体工作如下：

①构建了因果关系模型。利用系统动力学原理，结合供应链绩效评价的几个层次，在分析了基本的反馈回路的基础上，分别构建了供应链核心制造企业内部绩效评价指标的因果关系图、供应链核心制造企业的外部绩效评价指标的因果关系图，以及供应链整体绩效评价指标的因果关系图。

②构建了基本流率入树模型。在因果关系图的基础上，确定系统中的流位流率变量，并组成系统定量分析的流位流率系，流位流率系的基本入树模型。流率基本入树模型进一步明确了系统中的关键变量和影响这些变量的因素。

③完整地构建了系统动力学流图。在构建了基本流率入树模型之后，还需要构建各变量方程。因此，结合相关理论和文献，对变量之间的数量关系进行了分析和设置，再通过嵌运算得到整个系统的流图模型。

# 7 基于系统动力学的供应链绩效动态评价模型仿真算例

系统动力学的仿真是系统仿真的一种，由于是通过模型来对系统进行研究和求解，对真实系统的运行过程进行模拟，从而总结出真实系统的行为特性，所以用模型来代替真实系统就具备了仿真的含义，尤其是系统动力学的模型是定性与定量的结合，更具有仿真的意义和实质。

对于社会系统的研究来说，仿真方法有着无可替代的优势。因为社会系统边界很大，内部结构比较复杂，内部因素之间存在着多重的因果反馈关系，因此很难用精确的数学方法去进行描述。在这种情况下，仿真就能更好地发挥作用，仿真不是从抽象的理想状态出发，而是以现实系统的真实情况为前提，依据可能得到的信息，不强求最优解，而是追求改善系统行为的机会。在计算机的辅助下，逐步获得改良系统的途径乃至得到满意的解答。所以，在前面构筑了供应链绩效评价的系统动力学模型之后需要进行仿真，一是对模型的有效性进行检验，二是对如何具体开展绩效评价、如何理解仿真结果进行详细阐述。由于绩效评价是有具体评价对象的，所以我们选择了一家企业作为评价对象，在进行仿真的同时，根据事实依据对模型的有效性进行检验。

## 7.1 案例背景

### 7.1.1 公司基本情况

CL公司是有色金属行业的一家加工制造企业，始建于20世纪60年代，2005年企业改制成立股份公司，成为由国内一家大型矿业公司控股、若干家国内外企业参股的国有控股中外合资企业，这样的股权结构使得公司发展能有更好的视野，能更好地面对全球竞争的市场环境。

公司有员工700余人，总资产近8亿元。公司依托股东多元化的优势，以及历经多年搭建起来的在全球的营销网络，首先在国外市场打开销路，产品大量销往欧洲、美国、东亚等地，生产的产品广泛应用于冶金、机械、汽车、航空航天、地质矿山、石化、电子、轻纺以及国防军工等涉及国民经济发展的行业。但是，随着2008年金融危机的爆发，国外市场受经济影响萎缩严重，CL公司的外销业务因此受到巨大影响，整个行业也陷入发展的低谷。公司调整了战略，将以外销为主的营销模式调整为国外市场和国内市场并举，并积极建立国内营销网络，加大了经销商的合作范围，增加了若干家经销商，公司产品销售状况逐步好转。

在营销网络大力建设的同时，CL公司为了提升企业的核心竞争力，加大了科研投入的力度，建立了省级科研中心，并引进了世界上有色金属加工业先进的技术和设备。为了加强质量控制和管理，CL公司已通过ISO9001：2000质量认证体系、ISO14001：1996环境管理体系认证及OHSAS18001：2001职业健康安全管理体系认证。公司在2009年引入六西格玛，内部管理制度不断改进和完善，生产效率和产品质量稳步提升。目前，CL公司已经成为国内有一定领先优势和特色的有色金属加工企业。

公司未来的发展战略是抓住目前中国经济发展结构性调整和国外经济正稳步复苏的契机，进一步完善科学管理机制，以产品结构升级为主线，突出科技进步主题，提升整体生产工艺与装备水平；提升自主开发、技术创新能力；提升企业现代化管理水平；提升员工物质文化生活水平，最终打造本行业强势企业。

### 7.1.2 公司供应链管理现状

CL公司作为制造企业，在供应链中应该处于核心地位，上游有若干家供应商提供原材料，下游有若干家经销商销售公司的产品。公司的供应商比较稳定的有六七家，主要根据公司的订单供货，但是有时候会有供应商不能及时供货的现象，为了防止出现供应商供货不及时造成的生产中断现象，公司一般有充足的原料库存作保障，但是这也加大了资金的占用。此外，供应商提供的原料质量也不能完全保证，每年都有几次因为原料质量不合格而退货的情况，这给双方都造成一定的损失和不便。公司的经销商主要负责销售公司的产品，稳定的经销商大约三四家，偶尔会有因公司产品质量不合格被经销商退货的情况，也有经销商拖欠货款导致资金流紧张的情况。此外，公司为了保证全体经销商的利益，为每个经销商都划分了销售区域，一般不允许跨区域销售，但是有些经销商经常会为了自己的利益而偷偷跨区域销售，引发了其他经销商与公司之间的矛盾和冲突。针对这种情况，公司对违规的经销商给予严重警告或者停止其代理业务。

总而言之，公司与上下游企业之间有较为稳固的关系，但是基本上处于单打独斗的情况，仍然以个体企业的利益为重，所有的节点企业都没有很好地为整个供应链的协同发展出力，也就是说并没有形成供应链的战略联盟，节点企业之间信息共享程度也较低。公司的产品受国际市场行情影响很大，2008年金融危机之后，由于全球经济的不景气，公司的出口业务也受到重创，在这样严峻的形势之下，公司应该如何定位、如何发挥核心企业在供应链上的协调作用，都是值得深思和需要解决的问题。

公司内部供应链管理也存在一定的问题，最突出的矛盾主要体现在生产部门将产品生产出来之后不能及时入库，导致销售部门不能得到库存产品的最新情况，严重的时候会影响到销售。

针对上述问题，公司的绩效评价体系无法提供更好的激励，因为绩效评价的侧重点在于公司自身的内部绩效评价，没有考虑与上下游企业之间协作关系对绩效的影响，更没有考虑公司所在供应链的整体绩效。所以，采用前面构建的供应链绩效评价系统动力学模型有可能促进企业关注所在供应链的绩效，从而实现与整个供应链节点企业的共赢，以更好地应对严峻的市场竞争环境。

### 7.1.3 公司现有的绩效评价体系介绍

CL公司目前有一套主要针对部门经理人员的绩效评价指标体系。

（1）绩效评价的基本原则

CL公司绩效评价的基本原则就是建立以关键业绩指标考核为主的评价体系，并将绩效考核的结果作为激励或惩罚的依据，进一步完善企业的绩效与激励匹配的管理机制。绩效考评结果作为发放奖金、对业绩突出者进行加薪或非物质性奖励以及对业绩不合格者调职或淘汰的重要依据。

（2）绩效评价指标

CL公司的绩效评价指标分为两级，分别为职能部门负责人和业务部门及车间负责人设置了绩效考核的关键业绩指标。

关键业绩指标的设置主要是以公司战略为目标，将战略分解到各部门之后，提炼和归纳影响公司及各部门运作的关键要素。关键业绩指标确定之后，再根据各部门对这些指标完成的自控程度和指标的重要程度来确定指标的权重。绩效评价的标准主要是依据公司年度全面预算和年度生产经营计划。关键业绩指标确定之后也不是一成不变的，评价指标将随着企业战略目标和管理重点的变化而做出相应的调整，指标权重也是可以依据情况的变化而调整的。由此可见，CL公司已经初步有了一套基本完整的企业绩效评价体系，并对指标的选取、指标权重的设定、评价标准的选择、评价结果的运用等进行了明确的说明和规定。

（3）关键业绩指标的具体构成

CL公司的关键业绩指标主要由效益类、营运类、组织类等三大类指标组成。

效益类指标是财务指标，体现企业创造价值的结果，反映了投入资本的回报水平。这类指标主要包括：净利润、利润净现金率、净资产保值增值率等。

营运类指标是企业营运结果的反映，反映企业价值增长方面的情况，例如反映企业的生产规模、市场地位和成长能力。这类指标主要包括：销售收入或主营业务收入、主要产品产量、主要生产技术经济指标以及质量、安全指标等。营运类指标设置有很明显的导向性，主要围绕着生产和销售。但是，指标明显是不够全面的，例如没有考虑资产周转方面的指标。

组织类指标是关注员工的一类指标，主要围绕着工作环境的建设和公司文化的影响。

（4）对CL公司现有绩效评价指标体系的评述

从CL公司的绩效考核制度来看，公司还是比较重视绩效考核的，并能针对考核结果进行奖惩，以达到促进绩效的目的。此外，从评价的指标来看，三大类指标基本涵盖了平衡计分卡的四个维度。但是，我们还可以看到，CL公司的绩效考核关键业绩指标比较简单、不全面，因此无法更准确地考核相关人员的业绩。

通过这个考核，并不能将影响公司绩效的真正问题解决，而且这个指标主要是以内部绩效考核指标为主，忽视了供应链管理，尤其是缺乏供应链外部绩效和整体绩效的考核和评价。

## 7.2 案例的系统模拟仿真和结果分析

上一章构建了系统动力学的因果关系图和流图，以及每个变量的方程，但是揭示的只是系统细节性复杂问题。这还只是系统还原论思想，如果借助计算机的强大计算能力，结合流图和方程，可以模拟复杂系统的动态演化过程，找到系统的长期演化规律。因此，本节将借助系统动力学的仿真软件Vensim进行模拟，对案例企业进行绩效评价。

### 7.2.1 系统仿真初始设置

（1）初始条件设置

计算机仿真需要给定初始条件，例如流位变量初始值、仿真步长、起止时间等。结合案例企业的实际情况，进行初始条件设置（见表7-1）。

（2）初始条件设置说明

初始条件设置完全根据企业的实际情况来判断。为了进行案例仿真，本书作者到案例企业CL公司现场调研了一个月，与公司的总经理、高管、中层管理人员、办公文员、车间管理人员和技术人员、车间一线工人等进行了多次深入访

表7-1　　仿真初始条件设置

| 变量 | 初始值 | 变量 | 初始值 |
|---|---|---|---|
| 制造商利润(MPR) | 100万元 | 仿真起始时间(INITIAL TIME) | 0 |
| 市场份额(MOP) | 0.035 | 仿真终止时间(FINAL TIME) | 60 |
| 制造商总成本(MTC) | 600万元 | 仿真步长(DT) | 0.125 |
| 经销商库存量(RSQ) | 100吨 | 时间单位(UNIT) | 月 |
| 供应商库存量(SSQ) | 100吨 | | |
| 制造商成品库存量(MSQ) | 150吨 | | |
| 供应链成员数(SCM) | 10 | | |

谈，对企业的实际情况进行了调研。企业的各种财务和非财务数据的获得一部分从现场访谈中获得，一部分从公司提供给作者的财务报表中得来，还有一部分是通过事后电话、邮件等形式得来。各流位变量初始值的设定说明如下：

①制造商利润（MPR）

制造商利润（MPR）是一个重要的财务指标，此数据来源于公司的2013年年报，年报中2013全年利润约为1 200万元，由于选取的时间单位为月，所以平均每月100万元。

②制造商总成本（MTC）

此数据同样来源于2013年年报，全年总成本约为7 200万元，所以平均每月600万元。

③制造商成品库存量（MSQ）

CL公司由于和供应商、经销商并没有结成供应链的战略联盟，加上产品生产周期相对较长，所以设置了一个安全库存，通过到生产部门和销售部门访谈，了解到产品的安全库存量为一个月的销量，计150吨。

④经销商库存量（RSQ）、供应商库存量（SSQ）

对于经销商和供应商，我们也有理由相信他们的库存管理政策和制造商相差不大，所以选择了初始值为100吨。

⑤供应链成员数（SCM）

目前以CL公司为核心企业的供应链上比较稳定的供应商和经销商合计有10家左右，所以此变量的初始值设为10。

（3）其他辅助变量和常数值的设置

在上一章建立流图方程的时候，由于供应链绩效评价有评价对象，所以很多辅助变量和常数值的设定视被评价企业的实际情况来确定，所以对于我们尚未给定确切值的常数或者尚未完全确定好的辅助变量计算方程，我们结合CL公司的实际，设置如下：

①常量的取值说明

常量的取值是在征询了企业相关部门和人员之后大致确立下来的。

在供应链库存管理子系统的时间常量有：供应商采购延迟时间（SDT）、成品库存调整时间（FGT）、经销商库存覆盖时间（RCT）等全部取值为2。

新产品研发投资率（NPR）=0.2

折旧率（ADR）=1/15

单位投资增加的生产能力（UIA）=0.01

推广费增加率（SPR）= -0.2%（公司连续几年推广费是下降的）

在员工满意度的调研上，我们设计了一个非常简单的表格，用访谈的方式记录受访员工对影响员工满意度的这几个影响因素打分，综合之后得到结果如下：团队氛围（TEW）为0.68，公司环境与管理（EEM）为0.75，工作本身（JOB）为0.66，职业发展（PRD）为0.86，薪酬福利（SLB）为0.53，可以看出，员工最不满意的就是薪酬，满意度最高的是职业发展。

其他的常量值如下：

信息处理成本（IDU）=10万元

信息化投资率（IIR）=0.01

市场规模（MSC）=20 000吨

供应商单位采购成本（SUC）=25万元/吨

制造商单位生产成本（MUC）=27万元/吨

经销商单位产品采购成本（RUC）=28万元/吨

②某些辅助变量的方程式说明

企业规模对市场份额的影响（SMI）和新产品产量对市场份额的影响（QMI）这两个辅助变量在上一章中建立的方程是采用表函数的形式，但是在企业访谈之后，发现此数值还是有规律的，所以给定如下方程式：

$$SMI(t) = ESI(t)/20\,000 \quad (59)$$

$$QMI(t) = DELAY1(NPQ(t)/20\,000, 3)$$

新产品产量对市场份额的影响采用了延迟函数来表达，这是因为新产品研发并生产出来之后，不一定会立刻带来销量的增长，需要一段时间让消费者慢慢接受新产品之后才能有效益。

## 7.2.2 系统仿真结果

在进行初始设置之后，利用Vensim软件运行系统流图模型，可以得到各个变量的仿真结果。由于模型的检验同样重要，所以我们利用历史数据，根据流位流率变量的理论说明，检验模型的有效性，同时输出仿真结果。

（1）流位流率系变量的仿真结果

系统中总共有7个流位变量和11个流率变量，我们分别探讨这些变量的仿真结果。

①市场份额（MOP）及其流率仿真结果（见图7-1和图7-2）

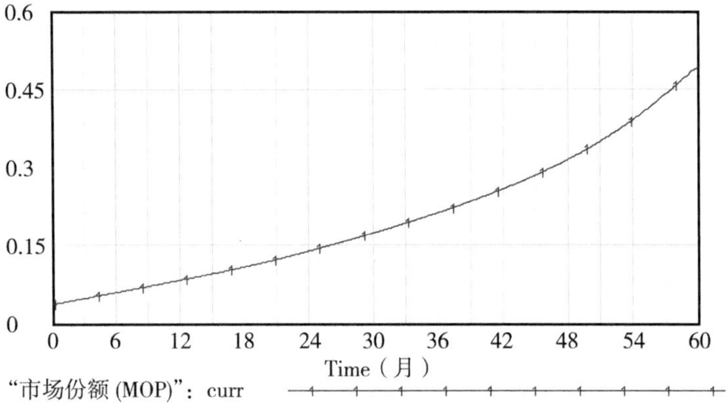


图7-1　市场份额（MOP）仿真结果

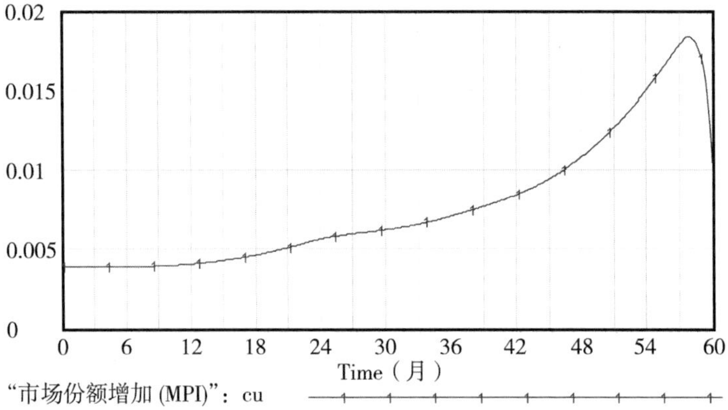


图7-2　市场份额增加（MPI）仿真结果

根据仿真结果，市场份额（MOP）一直在增长，直至达到0.5左右，这种结果是比较符合实际情况的，因为市场规模是确定的，所以企业的市场份额不可能无限制增长。但是，通过观察市场份额增加（MPI）的仿真结果，我们发现在前30个月市场份额的增加还比较缓慢，30个月之后开始呈指数增长，但是到了第58个月的时候，市场份额增加到达高点之后突然下降，这说明市场份额的增加受到了其他因素的影响，后面通过观察其他变量的变化可以看出。

②制造商总成本（MTC）及其流率仿真结果（见图7-3、图7-4和图7-5）

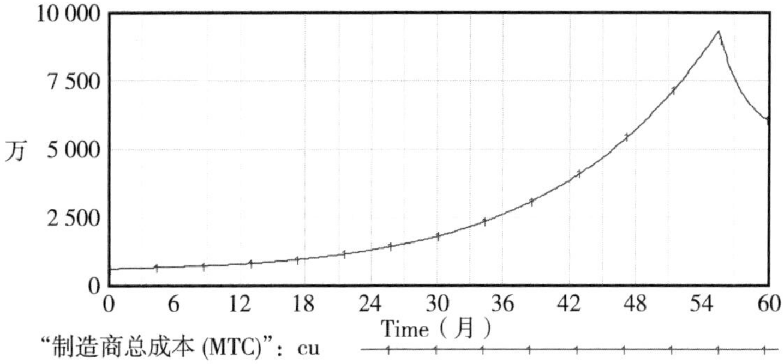


图7-3　制造商总成本（MTC）仿真结果

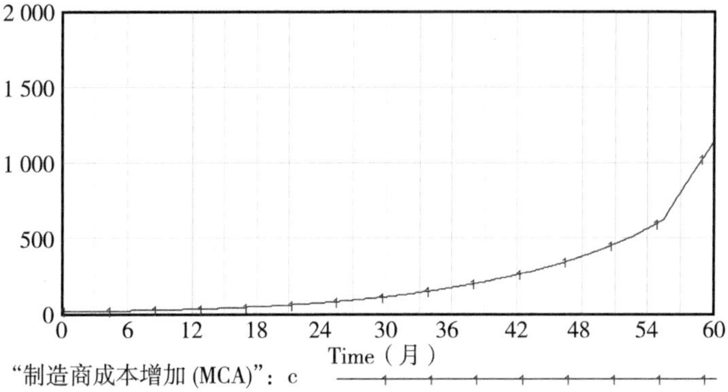


图7-4　制造商成本增加（MCA）仿真结果

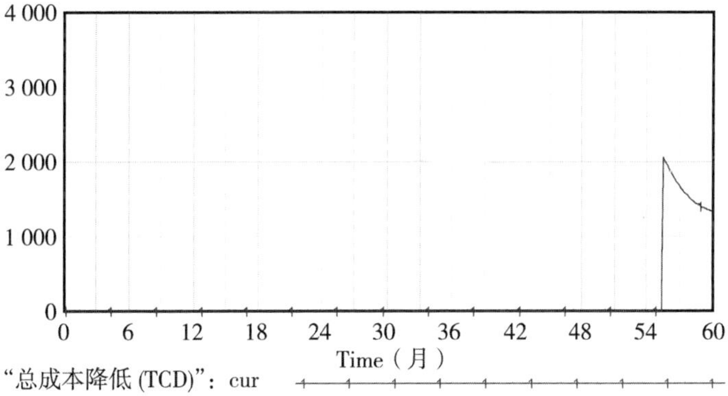


图7-5　总成本降低（TCD）仿真结果

制造商总成本（MTC）在56个月的时候急剧下降，即使制造成本增加（MCA）还在持续增长，但是由于总成本降低（TCD）在第56个月的时候突然直线上升，也就是说在那时候有一个因素引起了总成本的突然大幅降低，根据我们模型中的影响因素分析，是因为信息共享度的改善。在信息共享度很低的时候，供应链协同效应不理想，对核心企业的总成本不会带来很大的影响，所以之前总成本降低一直维持在零也就是不改变的状态。但是，当信息共享度达到设定的下限之后，根据学者以前实证分析的结果，信息共享度的提高会使制造商更合理安排采购和生产等活动，从而导致总成本下降。总成本下降数猛然增长，必然是总成本下降。由此可见，信息共享对于供应链核心企业来说是可以带来成本降低的。

③制造商利润（MPR）及其流率仿真结果（见图7-6、图7-7和图7-8）

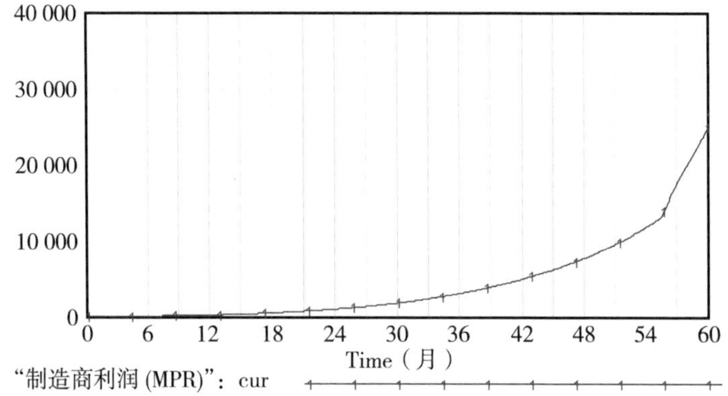


图7-6　制造商利润（MPR）仿真结果

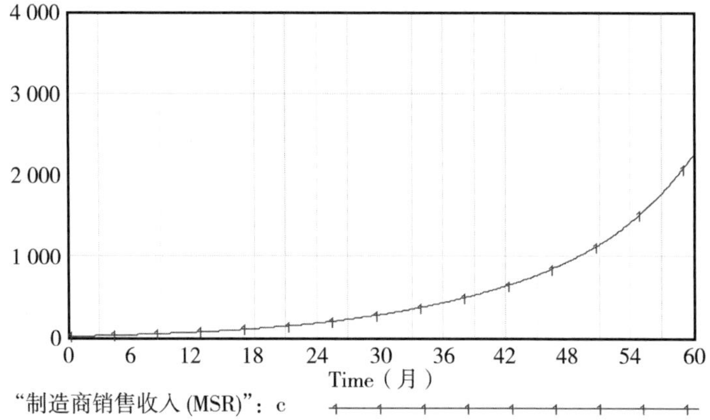


图7-7　制造商销售收入（MSR）仿真结果

从图中看到，制造商利润（MPR）随着时间推移呈指数增长，而且在推演到第56个月的时候开始呈现直线上升。制造商的利润上涨和公司年报中的数据基本是保持一致的，同时根据我们上面对制造商成本的分析，由于在第56个月的时候信息共享度提高，使得总成本大幅下降，因此造成制造商利润的陡然快速增长。当期成本（CUC）的变化也是由于同样的原因。制造商销售收入（MSR）一直呈指数增长，说明销售状况发展趋势还是比较良好的。

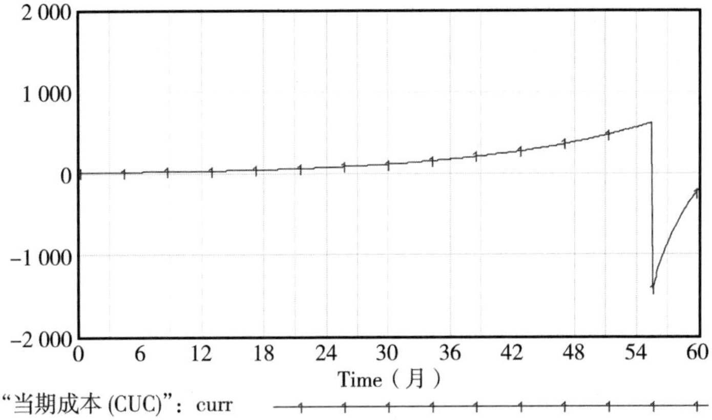


图7-8　当期成本（CUC）仿真结果

④供应链成员数（SUM）及其流率仿真结果（见图7-9和图7-10）

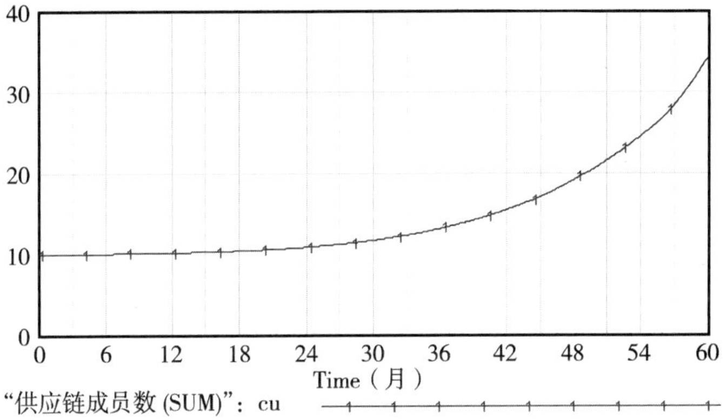


图7-9　供应链成员数（SUM）仿真结果

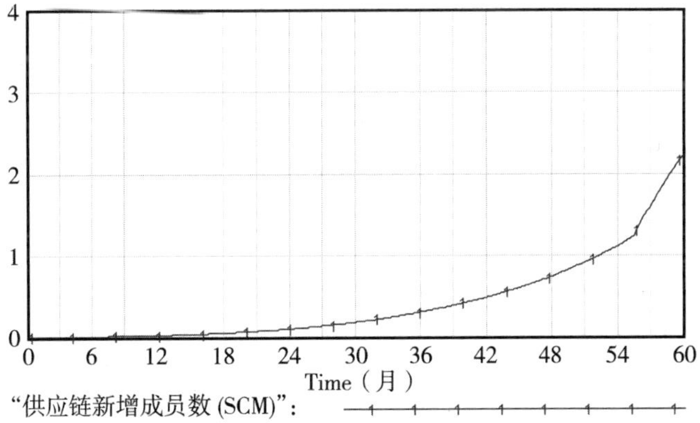


图7-10　供应链新增成员数（SCM）仿真结果

供应链成员数（SCM）在前面20个月左右基本没有什么变化，但是随着制造商利润的增长，供应链的影响力增大，第20个月之后供应链成员数呈指数增长，而且结合我们前面的分析，可以看到，正是由于供应链新增成员数（SCM）在第56个月的时候加速增长，使得信息化共享度受到了影响，从而影响到了成本，直至利润。

⑤制造商成品库存量（MSQ）及其流率仿真结果（见图7-11和图7-12）

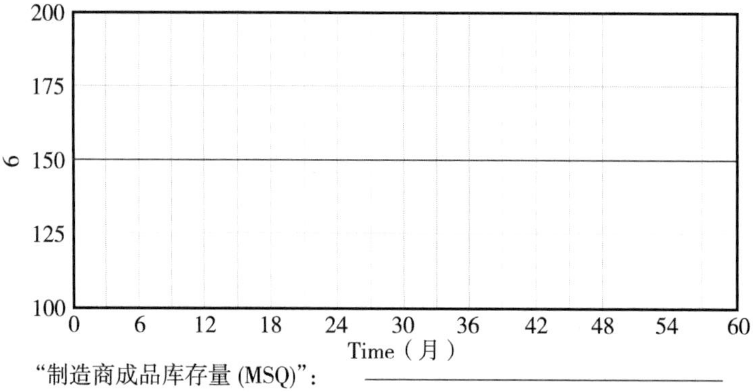


**图7-11　制造商成品库存量（MSQ）仿真结果**

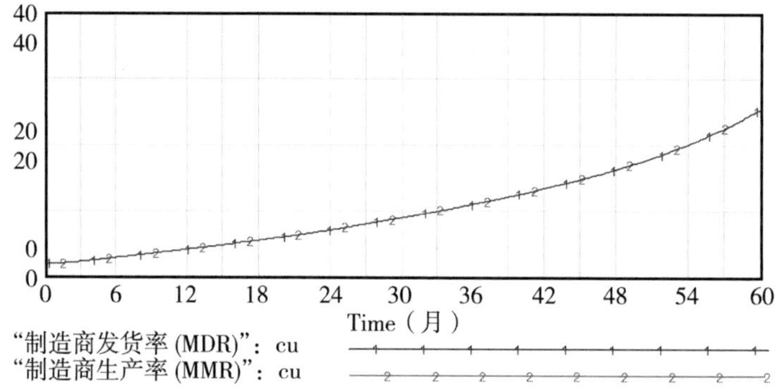


**图7-12　制造商发货率（MDR）、生产率（MMR）仿真结果**

制造商成品库存量（MSQ）维持期望库存量150吨不变，主要原因是制造商发货率（MDR）和制造商生产率（MMR）的变化完全一样。造成这个问题的主要原因是经销商和制造商都不存在库存偏差，这样发货率和生产率都只受到了顾客市场需求的影响，所以保持了一致。

⑥经销商库存量（RSQ）及其流率仿真结果（见图7-13和图7-14）

经销商库存量（RSQ）呈下降趋势，这是因为经销商销售率的增长快于制造商发货率的增长，基本达到了供应链库存管理的目标。

⑦供应商库存量（SSQ）及其流率仿真结果（见图7-15和图7-16）

供应商的库存量变化和经销商的库存量变化一样，都是由于发货率略高于采购率之后逐渐累积的结果。

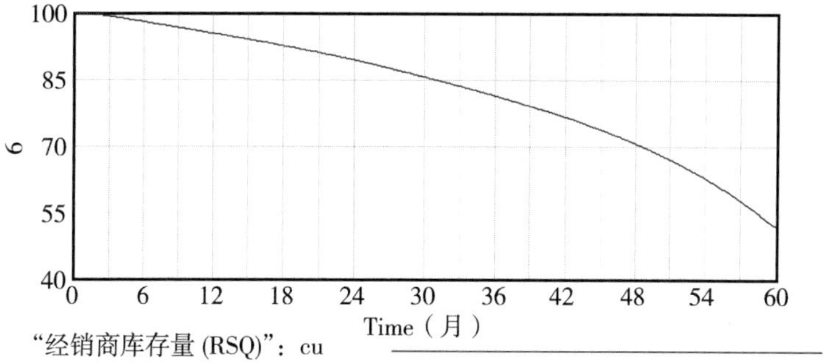


图 7-13　经销商库存量（RSQ）仿真结果

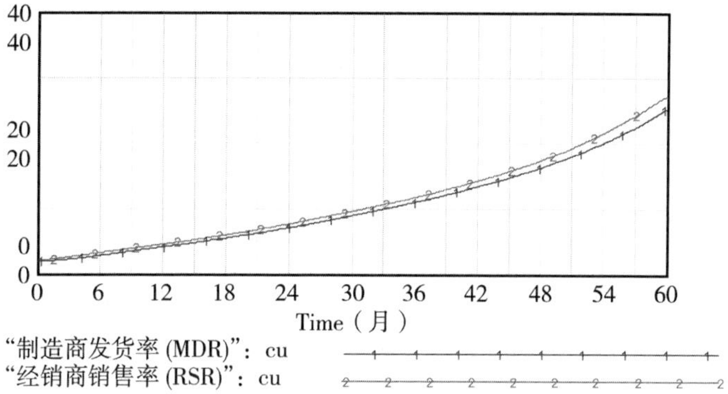


图 7-14　经销商库存量的流率仿真结果

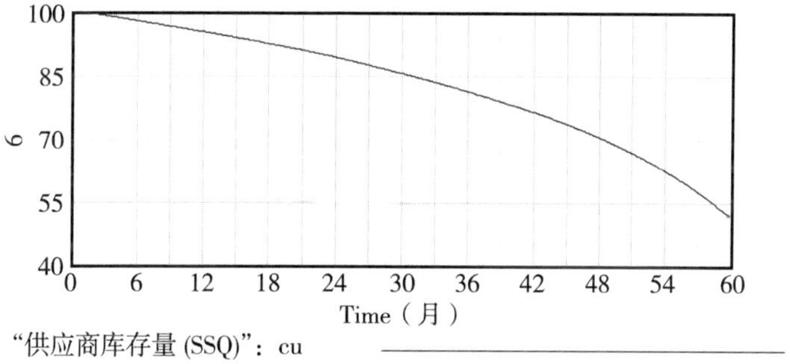


图 7-15　供应商库存量（SSQ）仿真结果

（2）重要辅助变量的仿真结果

在分析了流位和流率仿真结果之后，我们基本了解了这些流位和流率变量的长期发展趋势，再通过分析重要辅助变量的仿真结果，可以更好地解释流位和流率变化的原因。

①市场份额增加（MPI）影响因素的仿真结果（见图 7-17）

在前面的分析中，我们看到市场份额增加一直保持指数增长，直至第 58 个月的时候，出现了陡然下降的情况。为了更好地理解这种现象，我们将影响市场

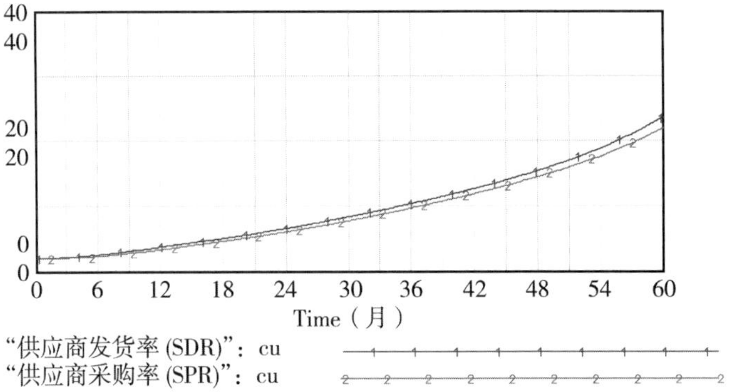


图 7-16　供应商采购率、发货率仿真结果

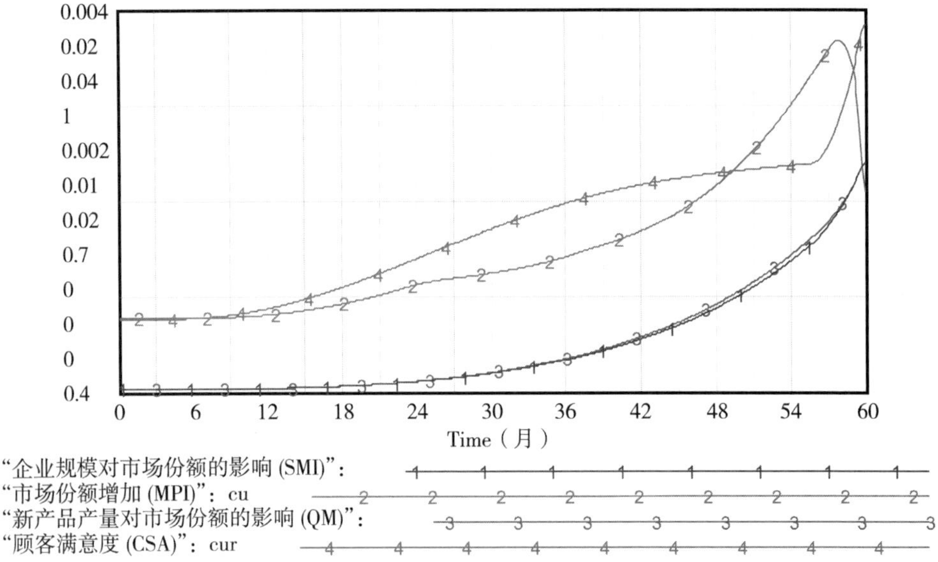


图 7-17　市场份额增加（MPI）的影响因素仿真结果

份额增加（MPI）的变量放在一起加以比较，找出真正起关键作用的影响因素。

在前面构筑因果关系图的时候，我们就分析了企业规模、新产品产量和顾客满意度都会对市场份额造成影响。从图 7-17 中看出，在这三个影响因素中企业规模和新产品产量对市场份额都是正向的影响，但是顾客满意度（CSA）在达到一定程度之后会使市场份额增加的趋势放缓，甚至市场份额增加出现下降的情况，究其原因我们在前面分析过，这是因为随着市场份额的增加，客户数会增加，面对数量越来越多的顾客群和越来越差异化的顾客需求，企业的服务质量会下降，导致顾客满意度下降，所以从图中我们看出在最初两个变量保持了一致的增长态势之后，在市场份额呈指数增长的情况下顾客满意度虽然还在增长，但增速已经放缓，到了第 58 个月，顾客满意度陡然增长伴随着市场份额增加数的陡然下降，而后两个变量向相反的方向运动。所以这个趋势充分验证了我们前面的理论，也说明模型是有效的。

②供应链总库存量（TSQ）仿真结果（见图7-18）

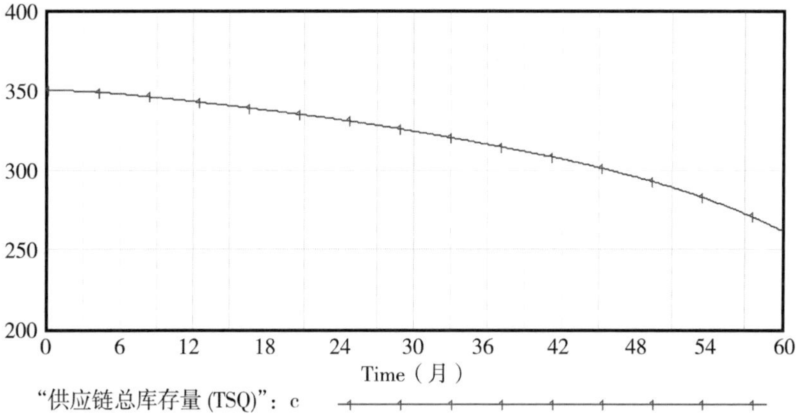


**图7-18　供应链总库存量（TSQ）仿真结果**

供应链总库存量（TSQ）呈下降趋势，这说明随着供应链上节点企业协同增强以及信息共享的变化，供应链上各企业可以信息共享，随时掌握客户需求信息，不需要保有太高的库存，从而达到减少资金占用的目的，所以供应链总库存量的减少，是供应链整体绩效提高的标志。

③员工技能增长（ESS）的仿真结果（见图7-19）

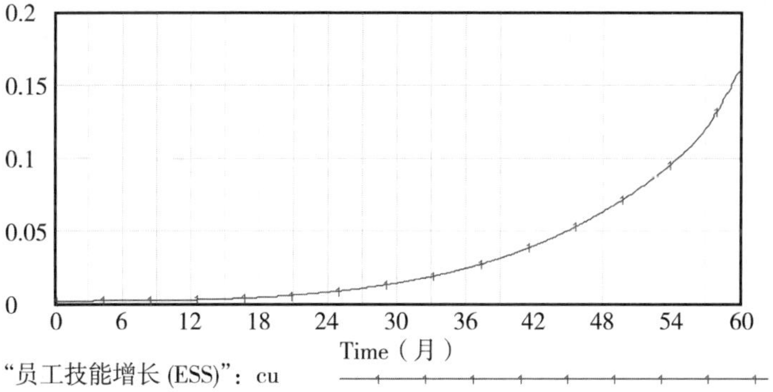


**图7-19　员工技能增长（ESS）仿真结果**

员工技能增长（ESS）反映了企业对员工的培训程度和培训效果。员工技能培训呈现指数增长，这是因为制造商的利润在不断增加，投入到员工身上的培训费也不断增加，因此员工培训力度加大，技能得到增长。但是，我们从图7-19中还可以看到，员工技能增长在初始阶段还是比较缓慢的，这是因为培训效果要反映到技能的提高上是需要一定时间的，这里存在延迟的问题。

④制造商生产能力（MMA）仿真结果（见图7-20）

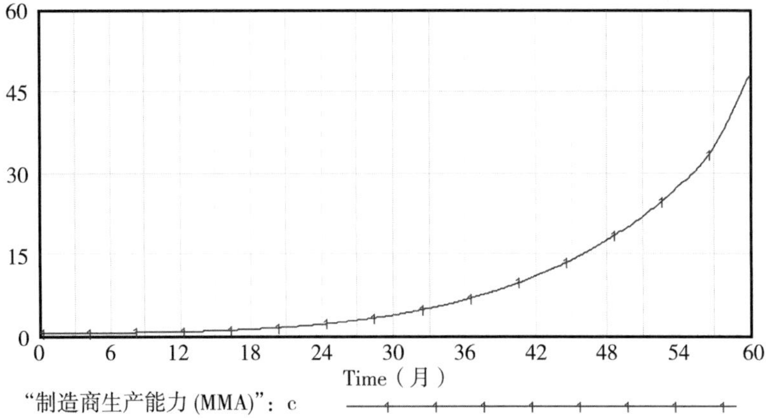


图7-20　制造商生产能力（MMA）仿真结果

制造商生产能力（MMA）也呈指数增长，因为公司的利润在增长，但是在前24个月这种增长还是比较缓慢的，到了第30个月才有显著增长，这是因为企业增加投资，但由于建设是需要时间的，所以从投入到形成生产能力同样有一个延迟的过程。

⑤新产品产量（NPQ）仿真结果（见图7-21）

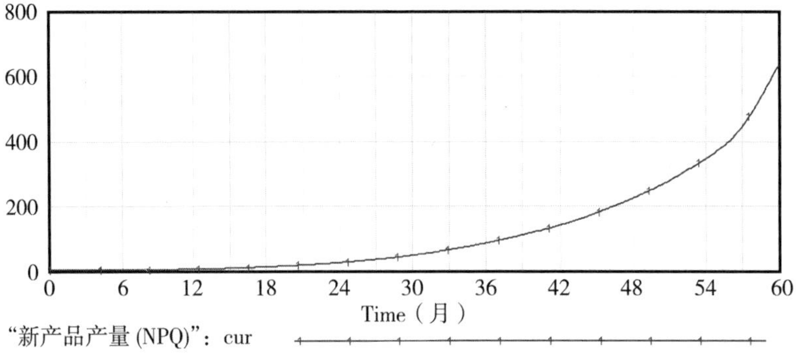


图7-21　新产品产量（NPQ）仿真结果

新产品产量（NPQ）是企业研发投入的结果，反映企业在学习与成长维度上的绩效，这个指标也是产品柔性的体现。企业新产品越多，对顾客的吸引力就越大，市场份额就会增强。但是这个指标也是在前面将近两年的时间里变化很小，说明从研发投入至新产品生产出来，同样需要一段时间，同样存在延迟现象。

⑥信息化共享度（ISP）仿真结果（见图7-22）

从信息化共享度（ISP）的变化趋势可以看到，在前12个月，信息化共享度都只是非常缓慢的增长，到了第24个月之后，开始呈现快速的直线增长态势，到了第56个月的时候更是有了跃阶式的增长。这说明企业在信息化方面的投入是

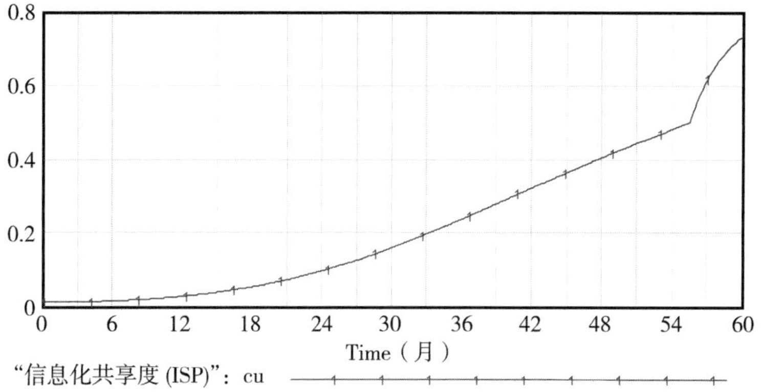


图7-22 信息化共享度（ISP）仿真结果

需要一个建设过程才能体现出效果的。在信息化建设取得成效之后，随着信息共享度的提高，企业的成本降低较为明显，导致利润的突变，信息化共享度也出现了一个跃阶式增长变化。由此可见，信息化共享度也是对企业利润有重要影响的关键变量，尤其是在供应链管理中，信息共享是非常必要和重要的。

### 7.2.3 系统主导反馈环及演化特性

通过上面对流位、流率变量和主要辅助变量仿真结果的分析，我们已经大致了解这些关键变量的演化趋势，以及导致流位变量变化的主要原因。但是，变量之间更复杂的因果关系还需要结合反馈环进行深入分析，并提炼出系统整体演化特性。

通过Vensim软件的计算，系统中的反馈环有200多条，分析所有的反馈环是没有必要也不可能的，所以我们根据上面分析的对系统有重要影响的关键变量进行反馈环分析。

（1）信息化共享度对制造商利润的影响

随着供应链节点企业信息共享程度的增加，需求信息、订单信息等可以共享，企业可以随时掌握市场行情的变化和上下游企业库存的变化，从而及时安排生产或者确定更为合理的库存水平，进而提高制造商的利润，利润提高之后企业更有能力加强信息化建设，促进信息共享度的进一步提高，这就是供应链上核心企业绩效与供应链整体绩效的相互影响。

①反馈环

信息化共享度对制造商利润的影响存在以下主要的反馈环：

(a) 反馈环一：信息化共享度（ISP）→（-）制造商总成本（MTC）→（-）成本利润率（CPR）→（+）顾客满意度（CSA）→（+）市场份额增加（MPI）→（+）市场份额（MOP）→（+）顾客市场需求（CMN）→（+）顾客平

滑需求（CDN）→（+）经销商订单需求（ROQ）→（+）制造商发货率（MDR）→（+）制造商销售收入（MSR）→（+）制造商利润（MPR）→（+）信息化程度（IND）。这是一条五阶正反馈环。

（b）反馈环二：信息化共享度（ISP）→（-）制造商总成本（MTC）→（-）成本利润率（CPR）→（+）顾客满意度（CSA）→（+）市场份额增加（MPI）→（+）市场份额（MOP）→（+）顾客市场需求（CMN）→（+）顾客平滑需求（CDN）→（+）经销商目标库存（RWS）→（+）经销商库存偏差（RSG）→（+）经销商订单需求（ROQ）→（+）制造商发货率（MDR）→（+）制造商销售收入（MSR）→（+）制造商利润（MPR）→（+）供应链的影响力（SIM）→（+）供应链新增成员数（SCM）→（+）供应链成员数（SUM）。这是一条五阶负反馈环。

②演化特性（见图7-23）

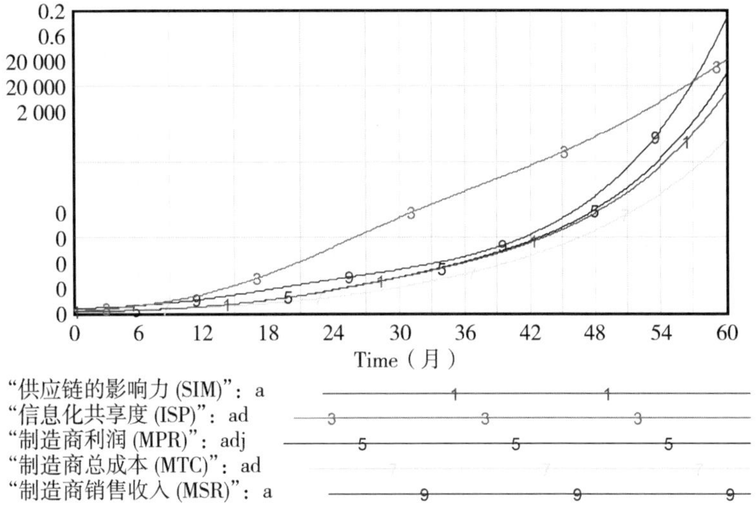


图7-23 信息化共享度和供应链成员数对利润的影响

从图7-23中，我们发现系统有如下演示特性：

（a）制造商利润（MPR）是呈现指数增长的，说明公司利润的整体演化趋势是不断向上的。制造商利润（MPR）变化直观上是受制造商销售收入（MSR）和制造商总成本（MTC）这两个变量影响。制造商销售收入（MSR）和制造商总成本（MTC）也是呈现指数增长趋势，但是很明显可以看出销售收入的增长速度要大于总成本的增长速度，所以在图上这两条曲线差距越来越大，这就解释了制造商利润增长的最直观的原因。

（b）制造商总成本（MTC）增速相对放缓的主要原因就是信息化共享度（ISP）的提高会使成本有一定的降低。对此，我们在前面指标设置部分也解释过，这个结论也是有学者用实证方法验证过的，主要是因为信息的共享可以使制造商更及时、更准确地了解市场信息和上下游企业的供需变化和库存调整，从而使制造商能更迅速地根据变化做出自己的调整，使企业的资源得到更合理的配置和使用，并减少资金的占用。从这个角度来说，信息化共享度的提高使得成本有所降低，制造商利润得以提升。至于制造商销售收入（MSR）的变化原因，我们将在下面的市场份额与利润演化特性部分进行分析。

（c）信息化共享度（ISP）呈轻微的S形震荡变化。从图7-23中可以比较明显地看出信息化共享度（ISP）虽然也呈上升态势，但却是有拐点的，拐点前后的增长速度不同。这主要是由于信息化共享度（ISP）、供应链影响力（SIM）和制造商利润（MPR）之间的负反馈环效应。具体来说，信息化共享度（ISP）会使企业成本降低，从而提高核心企业利润，核心企业利润增加之后会使其所在的整个供应链影响力增加，从而吸引更多的企业加入供应链。加入供应链的企业越多，信息技术水平的差距越大，信息共享程度越弱。信息共享程度下降之后使信息化共享度增速放缓，出现拐点。所以说信息化共享度（ISP）在这样一正一负的两个反馈环中使制造商利润（MPR）对其有两个相反方向的影响，使得信息化共享度（ISP）的演化态势发生一定震荡。

总而言之，信息化共享度会促进制造商利润的提高，但是利润提高之后由于供应链影响力增大，成员数增加，会使信息化共享度下降。

### （2）顾客满意度对制造商利润的影响

一般来说，顾客满意度增加会给企业带来利润的增长。

①反馈环

市场份额的反馈环主要有以下几条：

（a）市场份额（MOP）→（+）需求函数（DMF）→（+）顾客市场需求（CMN）→（+）顾客平滑需求（CDN）→（+）经销商订单需求（ROQ）→（+）缺货率（NEG）→（-）准时交货率（OTP）→（+）顾客满意度（CSA）→（+）顾客满意度对市场份额的影响（CMI）→（+）市场份额增加（MPI）。这是一条负反馈回路。

（b）市场份额（MOP）→（+）需求函数（DMF）→（+）顾客市场需求（CMN）→（+）顾客平滑需求（CDN）→（+）经销商订单需求（ROQ）→（+）制造商发货率（MDR）→（+）制造商销售收入（MSR）→（+）制造商利润（MPR）→（+）固定资产投资（FAI）→（+）制造商生产能力（MMA）→（+）企业规模增加（ESI）→（+）企业规模对市场份额的影响（SMI）→（+）市场份额增加（MPI）。这是一条正反馈回路。

（c）市场份额（MOP）→（+）需求函数（DMF）→（+）顾客市场需求

（CMN）→（+）顾客平滑需求（CDN）→（+）经销商订单需求（ROQ）→（+）制造商发货率（MDR）→（+）制造商销售收入（MSR）→（+）制造商利润（MPR）→（+）研发投入（RDI）→（+）新产品产量（NPQ）→（+）新产品产量对市场份额的影响（QMI）→（+）市场份额增加（MPI）。这是一条正反馈回路。

②演化特性（见图7-24）

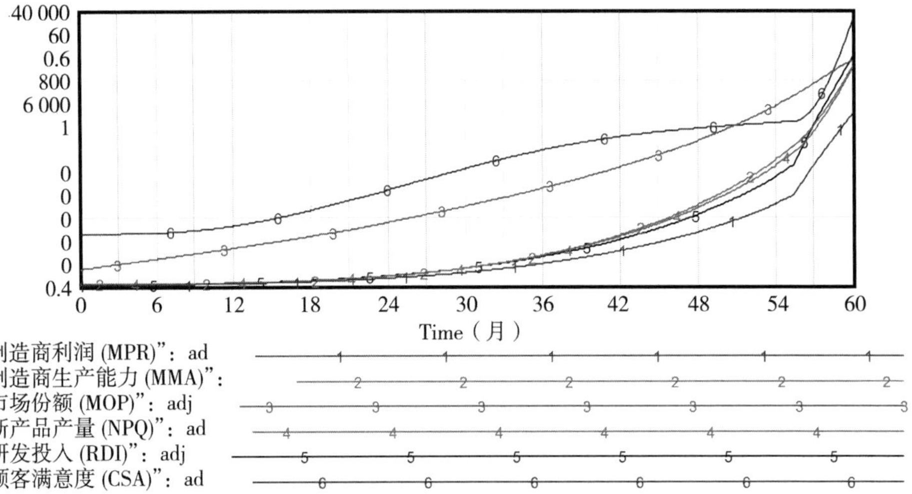


**图7-24　市场份额对相关变量的影响分析**

从上面的反馈环和图7-24可以看出，市场份额主要有以下演化特性：

（a）市场份额的增加，会带来顾客需求增加，因此经销商订单量增加，制造商的发货量也增加。如果企业没有很好地准备，发货量的增加就会使缺货率提高，从而影响顾客满意度，使得市场份额下降。所以，在市场份额增加的时候，企业一定要有充分的准备，提前了解和掌握信息，提前做好准备。

（b）市场份额的增加，会使企业的订单增长，从而使得销售量增长。随着销售收入提高，利润也会增长。利润增长之后，企业会增加固定资产投资，从而使企业的生产能力提高，企业规模扩大，为市场份额带来更正向的影响。

（c）市场份额的增加，会带来企业销量增长。随着销售收入增长，利润就会增加，这时企业可以加大研发投入，使新产品产量增加。企业的产品吸引力增加，市场份额也会随之增加。

所以，市场份额的增加，对企业的利润有正面影响，在获得利润的同时企业会加大对固定资产、研发等的投入力度，促使企业进一步发展，最终对市场份额产生积极影响。但是，不得不提出的是，在增加投资和投入的同时，一定要注意投入的效益，不然最终会使企业无力负担。

## 7.3 系统基模分析

Senge（1990）根据系统动力学的动态复杂性特征，为我们总结了现代管理系统常见的7种系统基模，便于我们更清晰地理解和分析系统的演化规律。系统基模是由主导反馈环相互嵌入形成的系统结构，因而我们依据上述已经确定的主导反馈环，得到更具有实际意义的基模。

### 7.3.1 信息化共享度的“成长投资不足”基模

在上面的主导反馈环分析中，一方面，企业利润的增加会使得信息化投资增加，信息化共享度提高，共享度提高之后会使企业成本下降，进而促进利润的进一步提高，这是信息化共享度和利润之间的正反馈效应。但是，另一方面，利润的增加，使得核心企业所在供应链的影响力提高，会有更多的企业加入到这个供应链中，随着供应链成员数的增加，成员企业在信息化方面的落差越来越大，使得信息化共享度反而下降。所以，整个结构呈现出“成长投资不足”基模（见图7-25）。

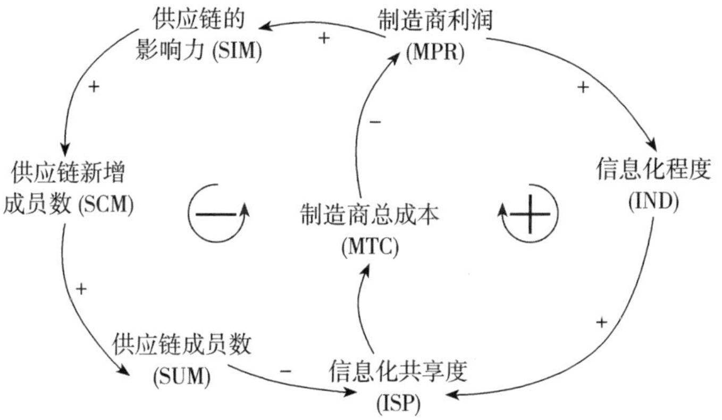


图7-25 信息化共享度（ISP）的“成长投资不足”基模

在上面的基模中，受供应链成员数的影响和制约，信息化共享度不能无限制地提高。所以，从这个基模可以看出，核心企业对上下游企业的选择要非常慎重，一是遥控加入的企业数量，不能越多越好，要有一个基本稳定的数量；二是对这些加入的企业要注意考察其信息化建设程度，如果和核心企业在信息化建设方面差距过大，而企业自身又不愿加大信息化建设力度的话，这样的企业是会影响整条供应链的信息共享程度的。由于信息共享程度对核心企业的利润有着重要的影响，所以进而会影响到企业利润。如果供应链成员数趋于稳定，那么成员数对信息化共享度的影响就会减弱很多，这时候信息化共享度就会有一个突变。从

图7-22中信息化共享度指标的仿真结果也能看出这样的趋势。在图中，这一指标的变化分为两段，前一段是在第56个月之前，这段时间信息化共享度呈S形变化，在经历了一段时间的指数增长之后，由于负反馈环的作用，使得增长放缓。这是典型的“成长投资不足”基模的表现。但是在第56个月之后，信息化共享度突然快速增长，这是因为供应链成员数不再无限制增加之后，负反馈环的效用就会减弱很多，这时候正反馈环的作用得到提升，使得发展增速。所以，严格意义上来说，前一段表现才是真正的“成长投资不足”基模的表现。但后一段表现是我们希望看到的对负反馈环作用抑制之后的现象。

### 7.3.2 制造商利润的“舍本逐末”基模

从上面的反馈环分析可以看出，影响制造商利润（MPR）的因素有很多，有些因素的影响是正向的，例如市场份额的增加会使销量增加，从而使利润增加。有些因素的影响是反向的，例如固定资产投资的增加、培训费的提高、研发投入的增加等会使短期利润减少。这样就构成了制造商利润（MPR）的“舍本逐末”基模（见图7-26）。

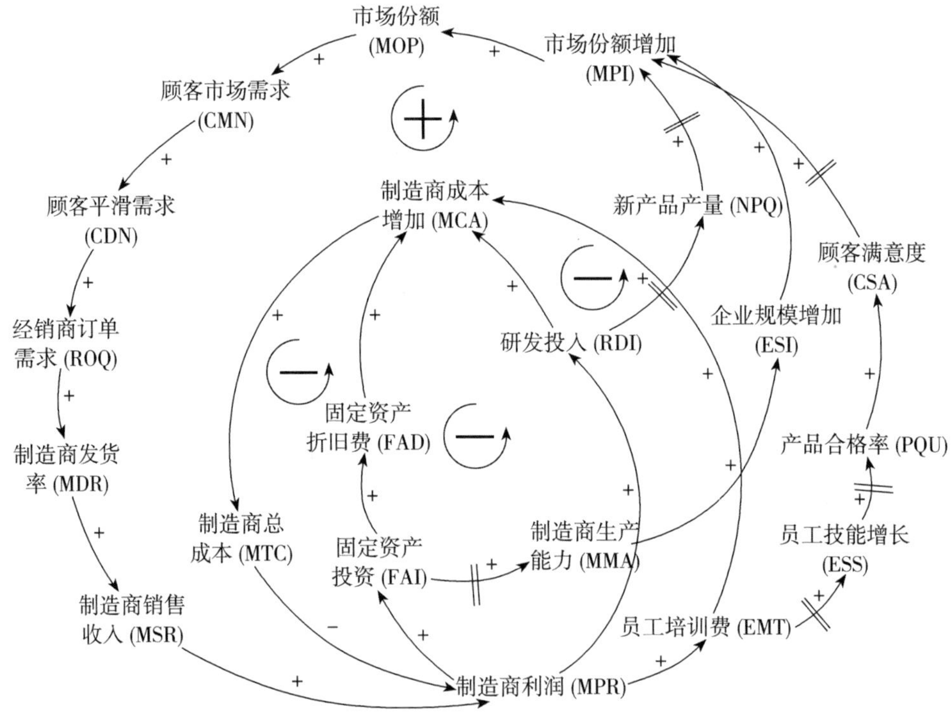


**图7-26 制造商利润（MPR）的“舍本逐末”基模**

从这个基模可以看出，员工培训费、固定资产投资、研发投入在可能促进市场份额增加的同时也会带来成本的增加，如果这些投入不能很好地发挥作用，就会致使市场份额和销量不会有显著增长，那么支出就会大于产生的收入，长此以往就会使利润萎缩，得不偿失。我们并不是说不需要这些投资，这个基模只是提醒我们，企业一定要注意资金的使用效益，光有支出没有回报或者回报太少就得不偿失了。

## 7.4 系统灵敏度分析

灵敏度分析，是指通过改变模型的参数或者结构，比较调整前后模型的运行结果，发现存在的差异，从而找到对系统产生结构影响的重要参数，并以此作为管理政策调整的依据（贾仁安、丁荣华，2002）。通过灵敏度分析，一方面可以找到影响系统演化的关键因素，另一方面可以为政策的设计提供参考依据。

因此，基于这个设计好的供应链绩效评价模型，再结合案例企业CL公司的实际情况，我们主要针对系统参数进行灵敏度分析。

### 7.4.1 CL公司内部绩效评价子系统灵敏度分析

参考前面章节构建起来的核心制造企业内部绩效评价模型，可以调整的参数主要有单位投资增加的生产能力（UIA）、新产品研发投资率（NPR）、研发投入产出率（RDF）、顾客满意度对市场份额的影响（CMI）、员工培训投资率（EIR）、产品价格（PPR）、团队氛围（TEW）、公司环境与管理（EEM）、工作本身（JOB）、职业发展（PRD）。

（1）参数调整方案

参数调整的方法主要有在现有值周边取小幅变动值、取极端值、取具有不同变化趋势的一系列值这三种方法。具体采用哪种方案需根据研究目的而定。我们设计了以下几个参数调整方案：

①单位投资增加的生产能力（UIA），现有值0.01，调整方案为调整到0.1，主要是考察投资效果提高之后对企业利润的影响。

②新产品研发投资率（NPR），现有值0.2，调整方案为调整到0.5，考察在CL公司加大新产品研发投资率能否提升企业利润。

③研发投入产出率（RDF），现有值0.2，调整方案为调整到0.5，主要考察在研发投入不变的情况下，提高研发投入的产出率会对企业的利润等产生怎样的影响。

④员工培训投资率（EIR），现有值0.015，调整方案为调整到0.10，主要考察员工培训费提高之后，能否提高员工技能和工作绩效以及利润等。

⑤薪酬福利（SLB），现有值0.53，调整方案为调整到0.90，主要考察薪酬福利对员工满意度的影响有多大，以及对企业的利润等产生什么影响。

（2）灵敏度分析

①单位投资增加的生产能力（UIA）（见图7-27）

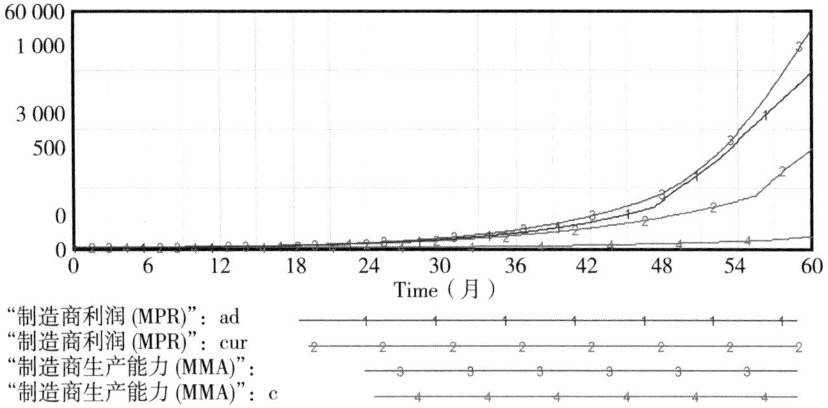


图7-27　单位投资增加的生产能力（UIA）的灵敏度分析

从0.01调整到0.1之后，我们从图7-27中可以看到，制造商生产能力和制造商利润都有所增长，而且制造商利润比原来更快地进入快速提高阶段。

②新产品研发投资率（NPR）灵敏度分析（见图7-28和图7-29）

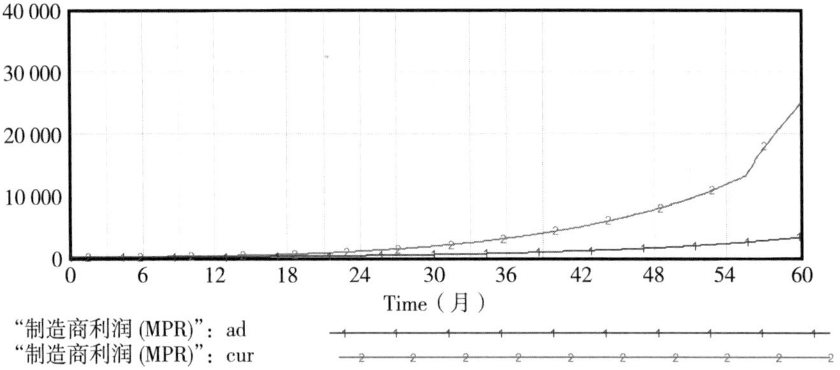


图7-28　新产品研发投资率（NPR）调整对利润的影响

新产品研发投资率由0.2调整到0.5之后，CL公司的利润下降，通过进一步对研发投入和市场份额的影响分析，看到新产品研发投资率提高之后，由于企业的研发投入产出率较低以及新产品对市场规模的影响有限，增加的收入抵不过增加的研发投入，致使CL公司利润反而下降。

③研发投入产出率（RDF）灵敏度分析（见图7-30、图7-31和图7-32）

在不增加研发投入总额的情况下，增大研发投入产出率也可以提高企业的利

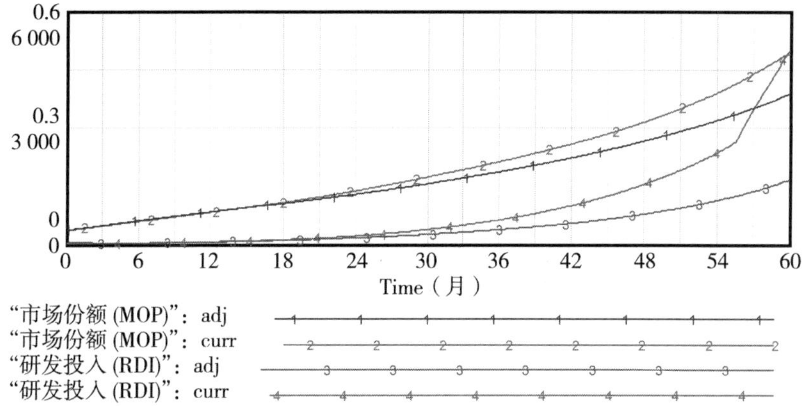


图 7-29　新产品研发投资率（NPR）调整对研发投入和市场份额的影响

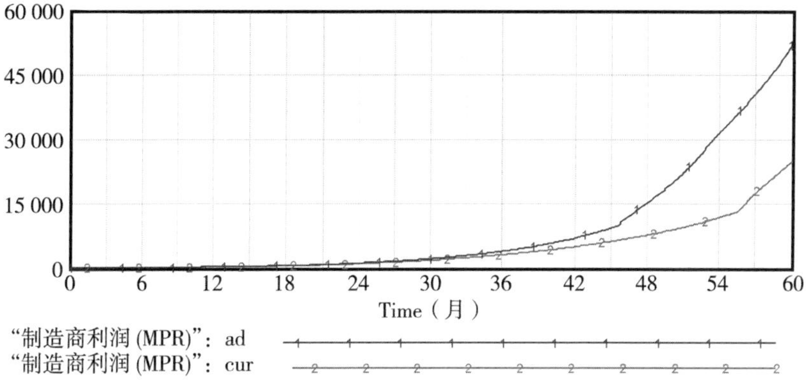


图 7-30　研发投入产出率（RDF）对制造商利润的灵敏度分析

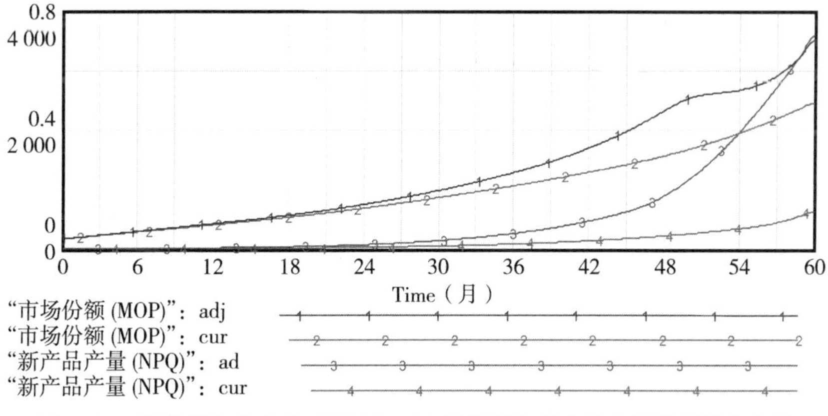


图 7-31　研发投入产出率（RDF）对市场份额和新产品产量的灵敏度分析

润，主要是因为新产品产量的增加使顾客满意度大幅提升，因而带来了市场份额的改善，所以是可取的做法。不过，我们还应该看到，增大研发投入产出率并不能立刻对市场份额等因素产生影响，而是要持续一段时间才能有突破性的变化，

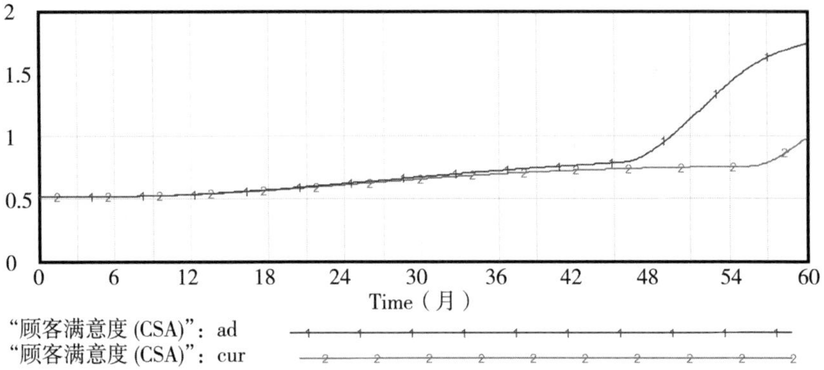


图7-32　研发投入产出率（RDF）调整对顾客满意度的灵敏度分析

这点从顾客满意度上的变化可以看到，所以企业还需要将眼光放远一些，要注重长期利益与短期利益的结合。

④员工培训投资率调整的灵敏度分析（见图7-33和图7-34）

在调高了企业的员工培训投资率之后，企业的利润增长比较明显，员工的技能也增长很快，由于员工技能的增长，服务质量和产品质量自然会提高，所以顾客满意度也会增加，在达到某一点之后还有急速的增长，所以员工培训投资率是一个比较关键的指标。

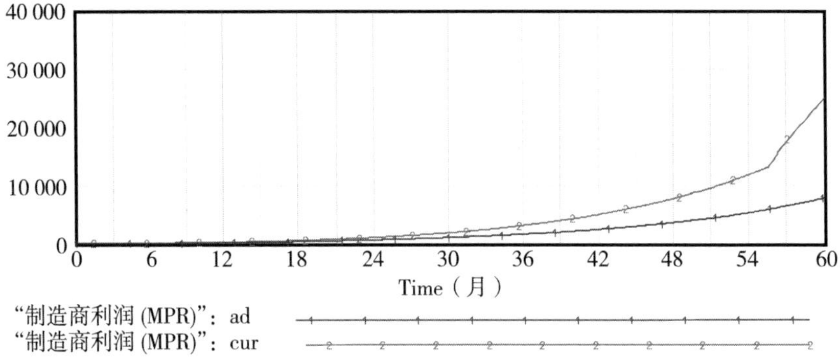


图7-33　员工培训投资率对制造商利润的灵敏度分析

### 7.4.2　CL公司外部绩效评价子系统灵敏度分析

反映公司外部绩效的子系统中可以调整的参数主要有信息处理成本（IDC）和信息化投资率（IIR）。我们的调整方案主要是调整信息化投资率（IIR），现有值是0.01，调整方案是0.1，分析结果见图7-35。

信息化投资率从0.01调整到0.1之后，信息化程度迅速攀升，到第20个月就基本呈现要溢出的态势，所以信息化投资率改变对于信息化共享度的提高是有显著效果的。

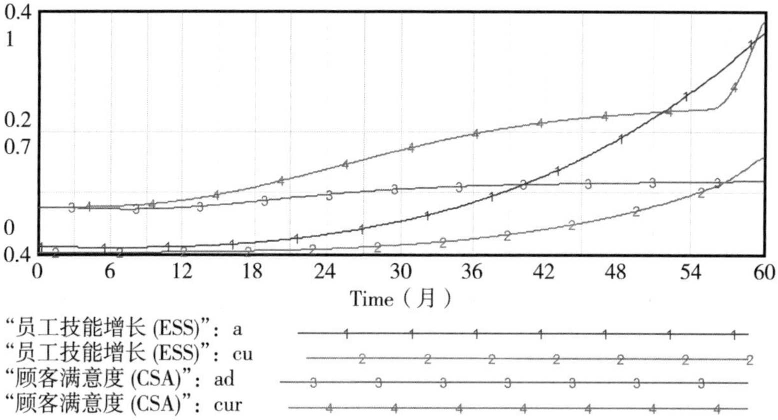


图7-34 员工培训投资率对员工技能增长和顾客满意度的灵敏度分析

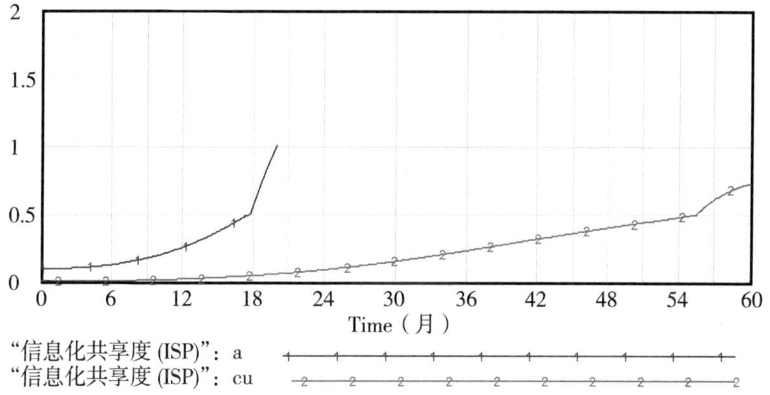


图7-35 信息化共享度（ISP）的灵敏度分析

### 7.4.3 CL公司供应链整体绩效评价子系统灵敏度分析

在这个子系统中，参数变量主要有供应商采购延迟时间（SDT）、原材料采购调整时间（MAT）、库存调整时间（KAT）、出库平滑时间（OST）、成品库存调整时间（SGT）、期望库存覆盖时间（WCT）、经销商库存调整周期（RAT）、经销商库存覆盖时间（RCT）、需求平滑时间（NST）、市场规模（MSC），主要都是一些时间变量，我们选择所有的和时间有关的参数来进行灵敏度分析。这些变量原来的取值都是2，我们现在分别取值0.5、1、3，看看有什么变化。

在设计的供应链整体绩效评价子系统中，供应链总库存量（TSQ）是最核心的变量，这个变量从库存的角度反映供应链的整体绩效。一般来说，如果供应链整体绩效较好，整个供应链的库存量将会下降，甚至零库存都是有可能的。所以，我们主要看看参数调整之后供应链总库存量（TSQ）会出现什么样的变化（见图7-36）。

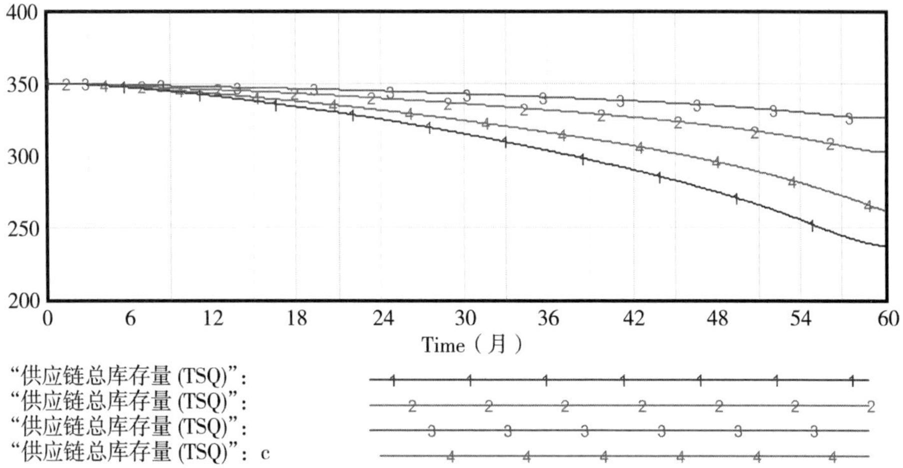


**图7-36　供应链总库存量（TSQ）的灵敏度分析**

在图7-36中，线4代表原来的设置。线1、2、3分别表示时间调整为3、1、0.5的时候总库存量的变化。很明显可以看出，库存方面的调整时间越短，说明各节点企业库存占用就越少，整个供应链的绩效也就越理想。所以，缩短库存调整时间是很关键的影响绩效的因素。

## 7.5　研究结论与建议

### 7.5.1　研究结论

通过选取CL公司作为仿真案例，将构建完成的供应链绩效评价的系统动力学模型具体运用在CL公司的绩效评价上，评价的结果是：

①企业整体运行状况还可以，利润呈现持续增长的演化态势，市场份额也有增长趋势。

②CL公司作为核心企业所在的供应链，如果需求信息可以在经销商和制造商之间进行共享，可以很明显地看到供应链总库存量呈下降趋势，这是我们想要看到的结果。

③CL公司目前在新产品研发上的产出率较低，使得研发效果不理想。CL公司虽然成立了省级技术中心，负责研发工作，但是近几年来，该技术中心研发进展缓慢，技术改造仅仅依靠设备的更新，这是远远不够的。

④CL公司在员工培训上的投入还不充足，影响了员工的工作绩效和产品质量。由于员工培训投入太少，公司目前很多条生产线的产品质量都不稳定，因为这些生产线是新老工人都有，新工人由于培训不充分，工作技能还有很大提升

空间。

⑤员工满意度不高，尤其是在薪酬福利方面的满意度是最低的，主要原因是很多员工认为公司员工收入差距过大，影响了员工的工作热情和绩效。

⑥公司存货的库存周转时间太长，原材料和产成品几乎都有一个月用量或销量的库存，说明公司与上下游的供应商和经销商之间还没有很好地形成供应链协同效应，致使供应链上各厂商的库存居高不下，供应链整体绩效不理想。

### 7.5.2 建议

针对CL公司的基本情况，在对企业的内部绩效、外部绩效和所在供应链整体绩效进行评价之后，建议如下：

①改善研发投入产出率。虽然增大研发投入在短期内会给企业带来利润的下降，但是如果增大研发投入和改善投入产出率能并举，那么就能更快地实现利润的持续增长。CL公司和国内其他硬质合金企业一样，偏重于设备及厂房等固定资产投资，在科技方面的实际投入少，直接导致了研发设备与生产设备的不配套，使得先进的生产设备不能更好地发挥作用，这种状况既影响了生产设备的生产效率，又不利于提高研发人员的创造性，并且由于科研投入的不足，研究人员很难在前沿或者关键的技术领域取得成果，与国外的研究相比，差距较大。所以，加大研发投入的力度是可取的。但是，通过对系统基模的分析可以看到，研发投入的增加在短期内会带来利润的下降，为了形成良性循环，企业要同时提高投入产出率。

②加大员工的培训力度。首先，增加员工培训费支出，让更多的员工能定期接受工作技能培训，特别是对于新进的工人更要有培训一个上岗一个的观念，技术不过关绝对不能上岗；其次，要多开展岗位技能竞赛，鼓励和奖励岗位能手，提高对企业的认同感。

③建立更为合理的薪酬制度，体现对员工的激励。针对目前员工对企业整体满意度不是很高的状况，借薪酬制度的改革，在全公司建立起合理的薪酬和激励政策。

④加强与上下游节点企业的沟通和协作，配合着信息共享化的建设。首先加强与上下游企业信息上的共享，可以在财务信息、订单信息、预测信息、运输信息等各方面加强共享的深度和广度，从而促进系统总成本的下降以及各节点企业的多方共赢。

## 7.6 本章小结

在前一章构建完成的系统动力学模型的基础上，本章选取一家企业作为案例企业，利用Vensim软件进行仿真。在仿真中，首先可以验证模型的有效性，然后可以对具体企业的绩效进行评价，具体研究内容如下：

①选择了一家案例企业作为绩效评价的对象，在对其进行访谈和调研之后，以案例企业的实际情况为基础，进行模型初始值设置，对流位变量等给定初始值之后，依据上一章建立的指标之间的数量方程式，进行系统动力学仿真。通过分析流位变量以及主要辅助变量的仿真结果，对企业的绩效进行总体判断，并明了各个关键指标的演化趋势。

②为了更进一步地了解供应链绩效评价模型的特性，结合仿真结果，对系统的主导反馈环及其演化特性进行了进一步分析，主要是要通过主导反馈环找到影响供应链绩效的关键因素和这些因素的关键驱动力量，为绩效的管理和改进提供思路。

③基模分析是在主导反馈环分析的基础上，通过主导反馈环的相互嵌入影响而构建的，主导反馈环可以帮助绩效评价人员对整个系统的总体结构和特性有更清晰的认识。

④根据上面的系统分析，对案例企业的绩效评价结果进行阐述，并指出存在的主要问题和今后改进的建议，完成整个绩效评价仿真。

# 8 总结与展望

## 8.1　本书主要的研究结论

在全球化的市场环境下，激烈的竞争迫使企业不得不和上下游的合作伙伴建立紧密的关系。传统的公平交易关系在动态的全球竞争环境中不再是有效的（Bowersox et al.，2000）。一个公司可能属于多个供应链，一些地区的物流决策和市场准入受到他们的直接控制。供应链管理的革命在过去十年中已经证实，越来越多的企业在自己的四面墙之外寻求业绩的提高。新兴趋势的供应链协作已经迅速在许多公司采用也就不足为奇了。例如，沃尔玛和供应商合作实施的合作计划、预测和补给试点项目的合作计划（CPFR），帮助其提高库存水平，减少交货期，改善现有库存，创造更多的目标一致的订单和平稳的生产周期（Parks，2001）。采用协作方案如CPFR给企业带来了实质性的好处，因此供应链合作的趋势未来十年仍将持续。快速发展的信息技术使企业能够更容易地采用某些类型的协作方案。

供应链合作的动机是提高供应链的整体绩效（Horvath，2001；Simatupang和Sridharan，2002a）。内部和外部指标的使用可以使供应链成员企业评估绩效改进的过程。因此，需要有一个综合的绩效系统让供应链成员企业基于供应链对实际业绩状况进行控制和反馈。这包括一个明确的在不同的管理水平上个别指标和协作指标的联系，因为供应链的成员企业认识到企业绩效是和供应链整体绩效紧密关联的（Lambert和Pohlen，2001）。

基于以上认识，加强供应链管理和供应链的绩效评价对企业来说是非常重要的。本书的主要观点如下：

①供应链绩效评价中引入系统动力学的方法和模型是可行和有效的。系统动力学对于解决社会系统普遍存在的复杂因果关系、时间延迟、非线性关系，以及数据精确度不高情况下难以用其他数学模型进行分析等问题。供应链系统也具有复杂性和不确定性，系统内绩效的因果关系也是复杂的，延迟现象在供应链系统中也很常见，供应链系统的这些特性使得其他传统绩效评价方法无法很好地发挥作用。鉴于系统动力学的优点，用系统动力学的方法构建供应链绩效评价模型是有效和可行的。

②将系统动力学和平衡计分卡结合起来构建供应链的绩效评价指标体系也是可行的。平衡计分卡虽然不能解决指标之间复杂的因果关系和延迟等问题，但是已经为指标的构建建立了一个初步的因果关系，所以只需要在平衡计分卡的框架下，再结合系统动力学的特点，就能更清晰地构建出包含复杂因果关系和反馈关系的评价指标模型。

③供应链的绩效评价指标包括供应链节点企业内部绩效和外部绩效评价指标，以及供应链整体绩效评价指标。这一观点已经得到大部分学者的认可，本书也是在这个框架下建立评价指标体系的。但是，由于绩效评价存在评价对象问题，对于不同的评价对象，指标设置是有区别的，所以本书以供应链中的核心制造企业为主要评价对象，去构建内外部绩效和整体绩效的评价指标体系。

④结合平衡计分卡的四个维度构建了供应链核心制造企业的内部绩效评价指标体系，其中财务维度依然是评价的重点。外部绩效是指核心企业与供应链上下游企业之间的协作绩效。本书主要选取了信息化共享度和供应链影响力作为衡量供应链外部绩效的指标。供应链整体绩效反映的是供应链整合效率，评价指标主要选取了供应链总库存量这个指标，因为库存是供应链整体绩效的一个非常直观的体现。

⑤系统动力学模型包括因果关系图和流图。为了构建系统动力学的因果关系图，在选取的指标之间引入必要的辅助变量是必不可少的，通过辅助变量作用的传递，可以更清晰地了解指标变化的影响驱动因素是什么。在构建因果关系图之后，还需要构建流图模型，找出变量之间的数量关系。

⑥系统动力学模型是需要进行有效性检验和仿真的，在仿真的时候可以对系统的反馈环、基模等进行更清晰的分析和理解，从而掌握整个系统的演化趋势。

## 8.2 有待进一步研究的问题

①结合具体行业或企业进一步发展供应链绩效评价模型。本书构建的模型是对供应链进行绩效评价的最基本的模型，主要是为供应链绩效评价的系统动力学模型的构建提供基本思路和方法，所以有些指标之间的因果关系建立得相对简单。今后将考虑具体行业或企业的特点，更深入分析影响绩效的指标以及指标之间的因果关系，对本书构建的模型进行修正和进一步扩展，使其能更有效地对评价对象的生产经营活动的运行效果和运作过程进行评价和分析，并能够更好地对未来绩效的演化趋势进行判断，从而提高模型的有效性。

②考虑不同类型供应链的差异来构建供应链绩效评价模型。供应链和供应链之间是有差异的，不同类型的供应链在管理目标上也有一定的差异，因此可以结

合不同类型供应链的特点及其管理目标，对已经建立好的供应链绩效评价模型进行调整。例如，供应链是具有生命周期的，因此可以考虑不同生命周期的供应链在绩效评价方面应有什么样的不同，将对指标选取和指标分析产生什么样的区别，构建的供应链绩效评价模型应该如何考虑这样的差异。

③如何将供应链绩效评价系统与人力资源管理、现代制造业的一些生产实践理念（如全面质量管理、业务流程再造、JIT、新信息技术等）进行整合还没有得到充分的解决。这些先进的生产实践理念会导致企业绩效出现重大的改善，但是有时又会和供应链绩效产生冲突。例如，准时生产制（JIT）强调低库存乃至零库存，这就可能与提高供应链柔性尤其是数量柔性这个目标相冲突。因此，如何将这些先进的生产实践理念与供应链绩效评价系统整合，也是今后需要进一步研究的问题。

# 参考文献

[1]白世贞，王文利.供应链复杂系统资源流建模与仿真[M].北京：科学出版社，2008.

[2]柴跃廷，刘义.敏捷供需链管理[M].北京：清华大学出版社，2001.

[3]陈畴镛，胡保亮.基于平衡计分卡和层次分析法的供应链绩效评价[J].财经论丛，2003（9）：86-91.

[4]陈琦，安茜，张文杰.供应链管理中供应商的评价与选择[J].铁道物资科学管理，2001，19（2）：35-36.

[5]陈志祥，马士华，陈荣秋，等.供应链管理与基于活动的成本控制策略[J].工业工程与管理，1999（5）：32-36.

[6]陈鹰，张蕊.面向绩效管理的企业业绩评价发展研究综述[J].经济问题探索，2013（2）：178-181.

[7]崔南方，钟秀丽.基于SCOR的物流作业成本核算模型[J].管理学报，2006，3（4）：391-399.

[8]方承武，雷勋平.基于顾客满意度的供应链绩效评价[J].安徽工业大学学报，2005，22（4）：412-415.

[9]方振邦.绩效管理[M].北京：中国人民大学出版社，2003.

[10]冯晖.供应链系统中供应商的选择和评估[J].现代管理科学，2004（4）：75-76.

[11]高萍，黄培清，张存禄.基于SCOR模型的供应链绩效评价与衡量指标选取[J].工业工程与管理，2004，9（3）：49-52.

[12]古力，包晓英.基于供应链管理的顾客满意度评价方法[J].重庆工学院学报，2005，19（6）：25-29.

[13]郭梅，朱金福.基于模糊粗糙集的物流服务供应链绩效评价[J].系统工程，2007，25（7）：48-52.

[14]FORRESTER J W.工业动力学[M].胡汝鼎，杨通谊，译.北京：科学出版社，1985.

[15]胡文卿，霍佳震.基于SCOR模型的供应链流程管理架构研究[J].上海管理科学，2006（1）：70-71.

[16]黄丽珍.供应链建模及其动力学机制研究[D].上海：同济大学，2006.

[17]霍佳震，马秀波，朱琳婕.集成化供应链绩效评价体系及应用[M].北京：清华大学出版社，2005.

[18]霍佳震，马秀波.供应链整体绩效评价的体系构建[J].物流技术，2004（4）：42-45.

[19]霍佳震，隋明刚，刘仲英.企业绩效及供应链绩效评价研究现状[J].同济大学学报，2001，29（8）：976-981.

[20]霍佳震，张艳霞.基于供应链的供应商绩效评价体系研究[J].工业工程与管理，1999（4）：34-38.

[21]霍佳震.企业评价创新——集成化供应链绩效及其评价[M].石家庄：河北人民出版社，2001.

[22]利维，凯明斯基，等.供应链设计与管理：概念、战略与案例研究[M].季建华，等，译.上海：上海远东出版社，2000.

[23]姜方桃.供应链管理绩效评价的模糊综合评价法[J].统计与决策，2006（18）：160-163.

[24]姜方桃.集成化供应链管理的绩效评价研究[D].南京：河海大学，2006.

[25]李树丞，胡芳.基于模糊粗糙集的供应商绿色评价体系研究[J].财经理论与实践，2006，27（4）：97-100.

[26]林丽红，李锦飞.基于BP神经网络的供应链绩效评价模型[J].江苏大学学报：社会科学版，2005，7（3）：84-87.

[27]林盛，康键.顾客满意度与市场份额的博弈[J].经济管理研究，2006（8）：86-89.

[28]刘金兰，康键.顾客满意度、市场份额与利润率的关系——来自瑞典的发现[J].管理学报，2005，2（1）：115-122.

[29]路应金，江黎黎，唐小我.集成化供应链评价方法研究[J].电子科技大学学报，2004，33（2）：197-199.

[30]吕嵘，冉宾.拒绝短板——平衡计分卡战略实施[M].北京：中国发展出版社，2005.

[31]马丽娟.关于供应链绩效评价的探讨[J].现代管理科学，2005（10）：94-95.

[32]马丽娟.基于供应链管理的供应商选择问题初探[J].工业工程与管理，2002（6）：23-25.

[33]马林.基于SCOR模型的供应链风险识别与一体化管理研究[D].杭州：浙江大学，2005.

[34]马士华，李华焰，林勇.平衡计分卡在供应链绩效评价中的应用研究[J].工业工程与管理，2002（4）：5-10.

[35]马士华，林勇，陈志祥.供应链管理[M].北京：机械工业出版社，2000.

[36]马士华.论核心企业对供应链战略伙伴关系形成的影响[J].工业工程与管

理，2000（1）：24-27.

[37]庞敏.员工满意度和工作绩效关系研究[J].机械管理开发，2011（2）：152-155.

[38]彭扬，伍蓓.物流系统优化与仿真[M].北京：中国物资出版社，2007：167-169.

[39]曲盛恩.供应链绩效评价的系统研究[D].哈尔滨：哈尔滨商业大学，2006.

[40]任盈，张维竞.基于系统动力学的VMI、CPFR供应链协作分析[J].中国物流与采购，2011（4）：60-61.

[41]沙敏华.物流柔性对顾客满意度影响的实证分析[D].南京：南京财经大学，2009.

[42]邵晓峰，季建华，黄培清.供应链竞争力评价指标体系的研究[J].预测，2000（6）：52-56.

[43]施家芳，张缘.关于供应链绩效评价的探讨[J].北方经贸，2004（6）：88-89.

[44]史成东，陈菊红，郭福利.粗糙集和BP神经网络在供应链绩效评价中的应用研究[J].软科学，2008，22（3）：9-13.

[45]史丽萍，蔡歆.平衡计分卡在供应链管理中的应用[J].哈尔滨商业大学学报：社会科学版，2003（2）：69-70.

[46]史文利.供应链绩效的多重评价研究[D].天津：天津大学，2008.

[47]宋伟，藤华.供应链绩效评价中的BSC方法[J].价值工程，2004（4）：43-45.

[48]孙瑾.基于员工满意度和顾客满意度关系的文献评述及研究展望[J].现代管理科学，2009（6）：37-39.

[49]孙锐，王海燕.基于BP神经网络的电子商务环境下供应链联盟绩效评价研究[J].管理评论，2005，17（12）：22-28.

[50]孙士雅.供应链环境下的库存控制绩效评价指标及方法[J].重庆大学学报：自然科学版，2002，25（10）：101-104.

[51]孙永玲，毕意文.平衡计分卡——中国战略实践[M].北京：机械工业出版社，2003.

[52]田丽.基于供应链理论的员工与顾客满意度研究[J].物流经济，2008（2）：78-80.

[53]卡普兰，诺顿.综合记分卡——一种革命性的评估和管理系统[M].王丙飞，温新年，尹宏义，译.北京：新华出版社，1998.

[54]王力虎，盛昭瀚.供应链利益下的顾客满意度[J].广西社会科学，2004（4）：54-57.

[55]王丽丽，陈雪.企业绩效评价研究综述[J].云南社会主义学院学报，2007（2）：25-27.

[56]王其藩.系统动力学[M].上海：上海财经大学出版社，2009.

[57]魏玲，张铁柱，高乐.基于系统动力学的平衡计分卡理论及其应用[J].商业研究，2009（7）：61-64.

[58]徐迪.供应链绩效评价模型比较分析[J].中山大学研究生学刊：社会科学版，2009（2）：114-122.

[59]徐兰，李晓萍，戴云徽.基于灰色关联分析的企业员工满意度评价[J].中国管理科学，2008（10）：68-70.

[60]徐贤浩，马士华，陈荣秋.供应链绩效评价特点及其指标体系研究[J].华中理工大学学报：社会科学版，2000，14（2）：69-72.

[61]徐贤浩，马士华.供应链业务流程的绩效评价指标的研究[J].中南民族学院学报：自然科学版，2000，19（2）：58-61.

[62]闫秀霞，孙林岩，王侃昌.物流服务供应链模式特性及其绩效评价研究[J].中国机械工程，2005，16（11）：969-974.

[63]颜志刚.平衡计分卡存在的问题及改进对策[J].会计月刊，2003（A5）：49.

[64]杨建华.战略供应链综合绩效评价体系与实施方法研究[D].天津：天津大学，2004.

[65]杨瑾.大型复杂产品制造业集群供应链绩效评价模式研究[J].中国管理科学，2013（12）：64-71.

[66]叶飞，李怡娜，张红，等.供应链信息共享影响因素、信息共享程度与企业运营绩效关系研究[J].管理学报，2009（6）：743-750.

[67]叶飞，徐学军.动态联盟的绩效评价指标体系及其评价方法[J].中国软科学，2000（9）：117-119.

[68]易牧农，张初兵，韩德昌.员工满意度与顾客满意度传导机制的实证研究[J].预测，2010，29（1）：21-26.

[69]袁声莉，马士华.员工满意度实证研究[J].技术经济与管理研究，2002（3）：22-24.

[70]臧艳，方敏，方旭昇.供应链运作参考模型（SCOR）评析[J].现代管理科学，2002（59）：13-14.

[71]张蕊.企业战略经营业绩评价指标体系研究[M].北京：中国财政经济出版社，2002.

[72]张欣，马士华.信息共享与协同合作对两级供应链的收益影响[J].管理学报，2007，4（1）：32-39.

[73]赵丽娟，罗兵.绿色供应链中环境管理绩效模糊综合评价[J].重庆大学学报：自然科学版，2003，26（11）：155-158.

[74]赵林度.供应链与物流管理：理论与实务[M].北京：机械工业出版社，2003：126-134.

[75]郑培，黎建强.基于模糊评估和马尔可夫预测的动态供应链平衡记分卡研究[J].系统工程理论与实践，2008，4（4）：57-64.

[76]AGUILAR O. How strategic performance management is helping companies create business value [J]. Strategic Finance，2003，84（7）：44-49.

[77]AKKERMANS，OORSCHOT K E V. Developing a balanced scorecard with system dynamics[C]. The 20th International System Dynamics Conference，Palermo，Italy，2002.

[78]AKYUZ G A，ERKAN T E. Supply chain performance measurement：a literature review [J]. International Journal of Production Research，2010，48（17）：5137-5155.

[79]BALDRY A D. Moving from performance measurement to performance management [J]. Facilities，2002，20（5-6）：217-223.

[80]APPIAH-ADU K，SINGH S. Customer orientation and performance：a study of SMEs [J]. Management Decision，1998，36（6）：385-394.

[81]ATKINSON A A，WATERHOUSE J H，WELLS R B. A Stakeholder approach to strategic performance measurement [J]. Sloan Management Review，1997，38（3）：25-27.

[82]MASELLA A C，Bertele U. Design of performance measures for time-based companies [J]. International Journal of Operations and Production Management，1991，11（3）：77-85.

[83]Beamon B M. Measuring supply chain performance [J]. International Journal of Operations and Production Management，1999，19（3）：275-292.

[84]Beamon B M. Supply chain design and analysis：models and methods [J]. International Journal of Production Economics，1998，55（3）：281-294.

[85]BITITCI U S，TURNER T，BEGEMANN C. Dynamics of performance measurement systems [J]. International Journal of Operations & Production Management，2000，20（6）：692-704.

[86]BROWN. Keeping score：using the right metrics to drive world class performance [M].NY：Quality Resources，1996.

[87]BUTLER S R，LETZA B，NEALE. Linking the balanced scorecard to strategy [J]. Long Range Planning，1997，30（2）：242-253.

[88]CHAE M, HILL J. Determinants and benefits of global strategic marketing planning formality [J]. International Marketing Review, 2000, 17 (6): 538–563.

[89]CHAN H Q. Feasibility of performance measurement system for supply chain: a process–based approach and measures [J]. Integrated Manufacturing Systems, 2003, 14 (3): 179–190.

[90]CHENHALL R H. Management control systems design within its organizational context: findings from contingency–based research and directions for the future [J], Accounting, Organizations and Society, 2003, 28 (Nos 2/3): 127–168.

[91]CHILDERSHOUSE P, HERMIZ R, MASON - JONES R, POPP A, TOWILL D. Information flow in automotive supply chains-present industrial practice [J]. Industrial Management & Data Systems, 2003, 103 (3): 37–49.

[92]CHILTON K. How American manufacturers are facing the global marketplace [J]. Business Horizons, 1995, 38 (4): 10–19.

[93]CHOPRA S, MEINDL P. Supply chain management: strategy, planning, and operation [M]. London: Prentice Hall, 2001.

[94]CONDUIT J, MAVONDO F. How critical is internal customer orientation to market orientation [J]. Journal of Business Research, 2001 (51): 11–24.

[95]CRAVENS K, PIERCY N, CRAVENS D. Assessing the performance of strategic alliances: matching metrics to strategies [J]. European Management Journal, 2000, 18 (5): 529–541.

[96]MEDORI D, STEEPLE D. A framework for auditing and enhancing performance measurement systems [J]. International Journal of Operations and Production Management, 2000, 20 (5): 520–533.

[97]SINK D, TUTTLE T. Planning and measurement in your organisation of the future [M]. Norcross: Industrial Engineering and Management Press, 1989.

[98]DESHPANDE R, FARLEY J, WEBSTER F. Corporate culture, customer orientation, and innovativeness in Japanese firms: a quadrad analysis [J]. Journal of Marketing, 1993 (57): 23–27.

[99]THOMAS D J, GRIFFIN P M. Coordinated supply chain management [J]. European Journal of Operational Research, 1996 (94): 1–15.

[100]DREYER. Performance measurement: a practitioner' s perspective [J]. Supply Chain Management Review, 2000 (September–October): 62–68.

[101]PEREA E, GROSSMANN I, YDSTIE E, et al. Dynamics modeling and classical control theory for supply chain management [J]. Computers and Chemical Engineering, 2000 (24), 1143–1149.

[102]EDGEHILL J S, OLSMATS C, TOWILL D R. Industrial case study on the dynamics and sensitivity of a close coupled production distribution system [J]. International Journal of Production Research, 1988, 26 (6): 1681-1693.

[103]EDVINSSON L, MALONE M S. Intellectual capital: realizing your company' s true value by finding its hidden brainpower [M].NY: Harper Business, 1997.

[104]SCHOENEBORN F. Linking balanced scorecard to system dynamics [C]//The 21st International System Dynamics Conference.New York, USA, 2003: 165-182.

[105]FORRESTER J W. Industrial dynamics: a major breakthrough for decision makers [J]. Harvard Business Review, 1958, 36 (4): 37-66.

[106]FORRESTER J W. Industrial dynamics [M]. Cambridge: MIT Press, 1961.

[107]STALK G, HOUT T. How time-based management measures performance [J]. Planning Review, 1990, 26 (9) .

[108] WANGA G, HUANGB S H, DISMUKESA J P. Product-driven supply chain selection using integrated multi-criteria decision-making methodology [J]. International Journal of Production Economics, 2004 (91): 1-15.

[109]GHEMAWAT P. Competition and business strategy in historical perspective [J]. Business History Review, 2002, 76 (1): 37-74.

[110]GUNASEKARANAN, PATEL C, RONALD E, et al. A framework for supply chain performance measurement [J]. International Journal of Production Economics, 2004 (87): 333-347.

[111]AKKERMANS H, OORSCHOT K V. Developing balanced scorecard with system dynamics [C]//The 20th International System Dynamics Conference.Palermo, Italy, 2002.

[112]O'NEILL H, SACKETT P. The extended manufacturing enterprise paradigm [J]. Management Decision, 1994, 32 (8): 42-49.

[113]JURAN J M. Juran on planning for quality [M]. NY: The Free Press, Collier Macmillan, 1988.

[114]KAPLAN R S, NORTON D P. The balanced scorecard-measures that drive performance [J]. Harvard Business Review, 1992 (Jan.-Feb.): 71-79.

[115] ]KAPLAN R S, NORTON D P.The balanced scorecard: translating strategy into action [M]. Boston: Harvard Business School Press, 1996.

[116]KAPLAN R S, NORTON D P. Using the balanced scorecard as a strategic management system [J]. Harvard Business Review, 1996 (Jan.-Feb.), 74 (1): 75-85.

[117] KAPLAN R S, NORTON D P. The strategy-focused organization: how balanced scorecard companies thrive in the new business environment [M]. Boston: Harvard Business School Press, 2001.

[118] KAPLAN R S, NORTON D P.The strategy map: guide to aligning intangible assets [J]. Strategy & Leadership, 2004, 32 (5): 10-16.

[119] KAPLAN R S, NORTON D P. The office of strategy management [J]. Harvard Business Review, 2005, 83 (10): 72-80.

[120]KAUFMAN R. Nobody wins until the consumer says, I'll take it [J]. Apparel Industry Magazine, 1997, 58 (3): 14-16.

[121]KEEGAN, EILER R, JONES C. Are your performance measures obsolete? [J]. Management Accounting, 1989, 70 (12): 45-50.

[122]ZOKAEI K, HINES P. Achieving consumer focus in supply chains [J]. International Journal of Physical Distribution & Logistics Management, 2007, 37 (3): 223-247.

[123]KENNERLEY M, NEELY A. Measuring performance in a changing business environment [J]. International Journal of Operations & Production Management, 2003b, 23 (2): 213-29.

[124]LAMBERT D M, COOPER M C, PAGH J D. Supply chain management: implementation issues and research opportunities [J]. International Journal of Logistics Management, 1998, 9 (2): 1-19.

[125]LAPIDE. True measures of supply chain performance [J]. Supply Chain Management Review, 2000 (July-August), 4 (3): 25-28.

[126]LOCKAMY III A. A study of operational and strategic performance measurement systems in selected world class manufacturing firms: an examination of linkages for competitive advantage [D]. University of Georgia, 1991.

[127]LUMMUS R R, VOKURKA R J, ALBER K L. Strategic supply chain planning [J]. Production and Inventory Management Journal, 1998 (3): 49-58.

[128]MALMI. Balanced scorecard in finish companies: a research note [J]. Management Accounting Research, 2001, 12 (2): 207-220.

[129]MARTIN J H, GRBAC B. Using supply chain management to leverage a firm's market orientation [J]. Industrial Marketing Management, 2003 (32): 25-38.

[130]MASKELL.Performance measurement for world class manufacturing [J]. Corporate Controller (COP), 1992 (Jan.-Feb.): 44-48.

[131]NAISBITT J. Mind Set! Reset your thinking and see the future [M]. NY: Collins, 2006.

[132]NEELY A, ADAMS C, KENNERLEY M. The performance prism: the scorecard for measuring and managing business success [M]. London: Prentice Hall, 2002.

[133]NEELY A, GREGORY M, PLATTS K. Performance measurement system design [J]. International Journal of Operations & Production Management, 2005, 25 (12): 1228-1263.

[134]NEELY A.The performance measurement revolution: why now and what next? [J]. International Journal of Operations and Production Management, 1999, 19 (2): 205-228.

[135]BRADLEY P.A performance measurement approach to the reengineering of manufacturing enterprises [D]. CIMRU, NUI Galway, Ireland, 1996.

[136]BREWER P, SPEH T. Using the balanced scorecard to measure supply chain performance [J]. Journal of Business Logistics, 2000, 21 (1): 75-93.

[137]ROUSE P, UTTERILL M. An integral framework for performance measurement [J]. Management Decision, 2003, 41 (8): 791-805.

[138]SLOPER P, LINARD K T, PATERSON D. Towards a dynamic feedback framework for public sector performance management [C]//International System Dynamics Conference.Wellington, New Zealand, 1999.

[139]SMITH P, GODDARD M. Performance management and operaional research: a marriage made in heaven? [J]. Journal of the Operational Research Society, 2002, 53 (3): 247-255.

[140]GOPAL P R C, THAKKAR J. A review on supply chain performance measures and metrics: 2000- 2011 [J]. International Journal of Productivity and Performance Management, 2012, 61 (5): 518-547.

[141]FOLAN P, BROWNE J. A review of performance measurement: towards performance management [J]. Computers in Industry, 2005 (56): 663-680.

[142]PEREIRA J V. The new supply chain's frontier: information management [J]. International Journal of Information Management, 2009, 29 (5): 372-379.

[143]SAMARANAYAKE P. A conceptual framework for supply chain management: a structural integration [J]. Supply Chain Management: An International Journal, 2005 (10): 47-59.

[144]BASU R. New criteria of performance management: a transition from enterprise to collaborative supply chain [J]. Measuring Business Excellence, 2001, 5 (4): 7-12.

[145]LYNCH R, CROSS K. Measure up- the essential guide to measuring

business performance [M]. London： Mandarin， 1991.

[146]HOEK R V. Measuring the unmeasureable–measuring and proving performance in the supply chain [J]. Supply Chain Management， 1998， 3 (4)： 187–192.

[147]HOLMBERG S. A systems perspective on supply chain measurements [J]. International Journal of Physical Distribution and Logistics， 2000， 30 (10)： 847–868.

[148]YENIYURT S. A literature review and integrative performance measurement framework for multinational companies [J]. Marketing Intelligence and Planning， 2003， 21 (3)： 134–142.

[149]SAWHNEY R， PIPER C. Value creation through enriched marketing - operations interfaces. An empirical study in the printed circuit board industry [J]. Journal of Operations Management， 2002 (20)： 259–272.

[150]SCHOENEBRON. Linking balanced scorecard to system dynamics [C]// International System Dynamics Conference.New York， USA， 2003.

[151]SENGE P M. The fifth discipline： the art and practice of the learning organization [M]. NY： Doubleday， 1990.

[152]SHAPIRO J. Modeling the supply chain [M]. Stamford： Thomson Learning Inc.， 2002.

[153]SLATER S F， NARVER J C. Market orientation and the learning organization [J]. Journal of Marketing， 1995， 59 (3)： 63–74.

[154]SPEKMAN R， SALMOND D， KAMAUFF J. At last procurement becomes strategic [J]. Long-Range Planning， 1994， 27 (2)： 76–84.

[155]SIMATUPANG T M， SRIDHARAN R. A benchmarking scheme for supply chain collaboration [J]. Benchmarking： An International Journal， 2004， 11 (1)： 9–30.

[156] TOWILL D R. Industrial dynamics modeling of supply chains [J]. International Journal of Physical Distribution & Logistics Management， 1996， 26 (2)： 23–41.

[157]TOWILL D R. The seamless chain– the predator’ s strategic advantage [J]. International Journal of Technology Management， 1997， 13 (1)： 37–56.

[158]BAND W. Performance metrics keep customer satisfaction programmes on track [J]. Marketing News， 1990， 12 (May) .

[159]KAYDOS W. Measuring， Managing and Maximising Performance [M]. Cambridge： Productivity Press， 1991.

[160]IP W H， CHAN S L， LAM C Y. Modeling supply chain performance and

stability [J]. Industrial Management & Data, 2011, 111 (8): 1332-1354.

[161]WISNER, FAWCETT S. Linking firm strategy to operating decisions through performance measurement [J]. Production and Inventory Management Journal, 1991, 32 (3): 5-11.

[162]WOLSENTHOLME. Blanced strategies for balanced scorecards: the role of system dynamics in supporting balanced scorecard and value based management [C]. The 16th International System Dynamics Conference, Quebec, Canada, 1998: 25-63.

# 索 引